カジノとIR《統合型リゾート》。日本の未来を決めるのはどっちだっ!?

高城剛

集英社

カジノとIR《統合型リゾート》。
日本の未来を決めるのはどっちだっ!?

高城剛

集英社

目次

第1章

なぜシンガポールは短期間で観光収入を3倍に増やせたのか？ 25

第2章

マニラ急成長の秘密と、マカオ衰退の理由

第3章

世界一のカジノ国フランス

第4章
90年代ラスベガスの成功と、近年のニューヨーク州のラスベガス化戦略

デザイン 村沢尚美（NAOMI DESIGN AGNCY）
出版プロデュース 久本勢津子（CUE'S OFFICE）
取材・編集協力 上野真理子
写真 高城剛

はじめに

ＩＲは日本の経済を救うのか？

カジノを含む統合型リゾート（Integrated Resort）、すなわちＩＲの推進が日本において具体化したのは、２００２年のことだ。自由民主党の国会議員有志による「カジノと国際観光産業を考える議員連盟」が議論を開始し、それから何度も検討、協議、審議を繰り返し、いよいよＩＲ推進法案が具体化に向けて動き出す。

しかし、この国を挙げた一大プロジェクトの本質について、一体どれだけの人が理解しているのだろう。

カジノとＩＲ。それは、似て非なるものであり、このふたつにおける成り立ちや目的の違いをはっきりと認識していなければ、日本での成功の目はないだろう。

だが、これまで反対の声を上げ続けてきた一般市民はもちろんのこと、法案を推進する人々ですら、「カジノ＝ＩＲ」という誤った認識を持っているのが現実のように思う。僕自身が幾人かの国会議員と話をしても、カジノとＩＲの違いを本質的に理解している人は少なく、また類書を見ても記載はあまり見当たらない。中にはカジノを目立たせないようにするための「詭弁」だ、という論調もある。

世界中の国家が観光収入を大きな財源と見るようになったこの十数年、各国で様々なカジノやＩＲが展開されているが、ジリ貧の衰退に向かっているのがカジノであり、国の経済を支えるほどに成長しているのがＩＲなのである。

本書では、僕自身が見て回った世界の成功例と失敗例を挙げながら、日本に必要となるものを考えていきたい。

僕は、このＩＲの成功こそが、２０２０年以降の日本という小さな島国の経済を再び活性化させるための大きなチャンスであると考えている。現在、２０２０年の東京オリンピックが終われば、その先には次の起爆剤として、考えうる材料はひとつもない。

わずか4年後に一度だけ賑わうであろう好景気に浮かれるより、我々が考えるべきことは、四国の1・5倍の人口が減少する日本の2020年代に何をするのかということであり、そのために何を準備するのかということである。

一時的に人が集まるオリンピックではなく、恒常的に海外から多くの人たちを集める装置。

そう、それこそがまさにIRだ。多額の税金を投入しても、東京にひとつもシンボリックなランドマークを残せないことがすでにわかった2020年東京オリンピック。今、IRに対する理解や認識を改めず、間違った方向に進んでしまえば、日本の経済は今後もさらなる低迷の一途をたどることになるだろう。

それは1990年代初頭、ラスベガスで始まった

1990年代初頭、20代後半の僕はロサンゼルスに住んでいた。当時はパーソナル・コンピュータとオンライン・カルチャーの黎明期で、この数年後に、人類史上初めてコンピュータが大きく普及するきっかけとなった「ウィンドウズ95」が登場する。

しかし、オンラインといっても電話を使ったダイヤルアップによる特定のコンピュータサービスにアクセスする程度。ＩＴという言葉すらなかったのが、この90年代初頭だった。

ウェブサイトなど世界に数えるほどしかなく、すべてのデジタル産業における情報源は、数少ない雑誌と年々巨大化していくコンピュータ関連の展示会だけだった。その最先端コンピュータ情報が集まる世界最大級の見本市ともいわれた展示会は「ＣＯＭＤＥＸ」と呼ばれ、当時は毎年11月に、ラスベガスで開催されていた。

「ＣＯＭＤＥＸ」は、毎回テクノロジーの最前線をこの目で見ようと、世界中からビジネスマンたちが集結する一大イベントで、最新技術と最新情報を得るため年々巨大化し、僕もそこに集まるひとりだった。

毎回、開催時期にあわせてロサンゼルスから砂漠を車で数時間飛ばし、「ＣＯＭＤＥＸ」が開催されるラスベガスに向かうのは、僕にとって恒例行事のようなものだった。当時のラスベガスは、まだまだ賭博場やいかがわしい風俗のイメージがはびこる街で、事実その通りだったと思う。

だが、この頃、ラスベガスは大きく変わろうとしていた。博打打ちから家族のレジャーの場所へ、そしてビジネス・コンベンションの街へと、いかに変貌するか。このふたつが次世代の街づくりの大きなテーマだった。

この二大テーマにがっぷりと取り組んだ男が、それぞれにいた。博打打ちから家族のレジャーの街へとラスベガスを導こうとしたのが、スティーブ・ウィン。そして、ビジネス・コンベンションの街へラスベガスを導き、ＩＲ（統合型リゾート）というコンセプトを展開したのが、シェルドン・アデルソン。

このふたりの男によって、ラスベガスは急速に変わることになる。

カジノとIR、ふたつの道

ラスベガスを賭場から家族向けのアトラクションの街へと変えたスティーブ・ウィンは、「ザ・ミラージュ」というホテルの成功で大注目を集めた人物だ。

目抜き通りのホテルの入り口にある、定時に噴火する火山をイメージしたアトラクションや、徹底的なＶＩＰサービスが、それまでこの街にはいなかった客層に好まれ、ラスベガスという街に新しい風を吹き込んだ。

そのスティーブ・ウィンが、ザ・ミラージュに続いて1993年にオープンしたのが「トレジャー・アイランド」だ。トレジャー・アイランドは、エントランスには海に浮かぶ巨大海賊船を設置し、その船が沈没するショーや、「シルク・ドゥ・ソレイユ」などの新しいスペクタクルなショー（それ以前のショーは、すでに人気の峠を越えた歌手のたまり場だった）が大きな話題を呼んだ。

当時の僕は、ザ・ミラージュが定宿であると同時に、カジノで大きな金額を落とすいわゆるハイローラーだったため、トレジャー・アイランドのオープニングに招待されていた。COMDEXとはまったく関係ない時期に、そそくさとそのオープニングに訪れ、度肝を抜かれたことを、今でもよく覚えている。

それまで、こんなに大掛かりなショーといえば、ディズニーランドかユニバーサル・スタジオしかなかったが、それが突如ラスベガスの目抜き通りに現れたのである。しかも、無料で。

このスペクタキュラーな映像がテレビで放送されたことで、全米の子供たちの〝夏休みに行きたい場所〟に、突如としてラスベガスがランクインした。前年まではLAやフロリダだったのに。

そして、トレジャー・アイランドの登場以降、ラスベガスには巨大ショーを伴った「21世紀型カジノ」が、今日まで続々と作られることになる。これが、「カジノ」の現在形だ。

一方、シェルドン・アデルソンは、ラスベガスをビジネス・コンベンションが中心となる街へとつくり変えることを考えていた。勢いがある産業に従事したり、勢いがある会社で働いているビジネスマンたちは、総じて金回りもそれなりで、会社からの経費も潤沢だ。そのような「ニューリッチ」を「カジノ」とは関係なく集めることができれば、結果として「カジノ」も含め、街ごとすべてうまくいくだろうと、アデルソンはCOMDEXの大成功の経験から理解していた。

1988年、アデルソンはラスベガスの「サンズ・ホテル・アンド・カジノ」を買収し、翌年に「サンズ・ホテル」を開業。さらに1年後となる1990年には大型見本市（コンベンション）を開催できる「サンズ・エキスポ&コンベンションセンター」を設立し、MICE（Meeting〔会議・セミナー〕、Incentive tour〔報奨・研修旅行〕、Convention〔大会・学会・国際会議〕、Exhibition〔展示会・見本市〕の頭文字をとった用語）施設によって集客する複合リゾートの実現に向かったのだ。

ラスベガス・サンズが大型ＩＲ事業へ乗り出すきっかけとなったのは、１９９５年のＣＯＭＤＥＸ売却だ。アデルソンは、日本の実業家に高値で売却した資金を元手に、サンズ・ホテルを取り壊し、跡地に「ベネツィアン」を建設する。

彼らはベネツィアの都市を思わせる大運河をつくり、水路にはゴンドラを浮かべ、ブランドショップや有名シェフによるレストランなどが立ち並ぶ街並みを完成させた。１９９９年にオープンしたＩＲの原型ともいえるこの施設は、「ラスベガスの全面的な再生」を巻き起こしたとして、『フォーチュン』誌にも大々的に取り上げられることになった。ラスベガス・サンズはこの成功を境に、アジア太平洋地域での大型ＩＲ事業へと乗り出すことになる。

この一連の流れは、ＣＯＭＤＥＸ売却による巨額の資金がなくては不可能だったろう。では、その売却先の日本の実業家とは誰だったのか。

それが、孫正義氏だ。

当時の彼は、ソフトバンクの社名そのままに〝ソフトウェアのバンク〟としてコンピュータソフト卸売事業を営んでいた。１９９５年、自社の株式上場で得た利益の８億ドル（約８００億円）を注ぎ込む形でＣＯＭＤＥＸを買収したのだ。

アデルソンによる「カジノ」と違う新しいアイデアは、のちに「ＩＲ」（統合型リゾート）と呼ばれることになり、日本のソフトバンクから得た資金で大きく開花することになる。２００７年にマカオで「ベネツィアン・マカオ」を、２０１０年にシンガポールで「マリーナベイ・サンズ」をオープンしたアデルソンは、ＩＲ事業の生みの親であると同時に、最も成功したＩＲ事業家となった。


余談ではあるが、それから約20年後となる２０１４年、ラスベガス・サンズの日本進出を目論むアデルソンは、日本事務所を設立した際の記者会見でこう話している。

「日本での提携先は〝リスクテイカー〟がいい」

その一例として挙げた人物の名前は、やはりソフトバンクの社長である孫正義氏その人だった。リスクテイカーとは、大きなリスクを取って勝負する、実行力と観察力のある経営者を指す言葉だ。

日本のカジノ誘致作戦は、1999年、東京都庁から始まった

日本におけるカジノ誘致の始まりは、石原慎太郎氏が都知事を務めていた時代までさかのぼることになる。彼が「お台場カジノ構想」を表立ってぶち上げたのは、2000年のことだ。

石原氏が東京都知事に就任したのは1999年4月。この時期、東京都はかつてない財政難に陥っていた。2000年度の予算においては、6200億円もの財源不足となることがわかっており、財政再建団体に転落することまで懸念されていた。

新都知事に課されたのは、可及的速やかに財政再建をすることであり、これと併せて、バブル時代のツケとして残された破綻寸前の臨海副都心開発をどう処理するのかが焦点となっていた。

そこで石原都知事が目をつけたのが、ラスベガスの成功だ。お台場にカジノ施設をつくれば、お荷物になっていた臨海副都心をそっくり財源に変えることができる。まさに錬金術ともいえるこの計画は、東京都にとって起死回生のカンフル剤となるはず

だった。

こうして、1999年の都知事就任直後の段階で、石原都知事はお台場カジノ構想を実現すべく、フジテレビや森ビルとともにプロジェクト・チームを編成する。

この頃の僕は、本放送開始直前のBSフジや森ビルのブランディング戦略に携わっている真っ最中で、BSフジのステーション・ロゴから全番組の予告編の制作まで手がけていた。また、のちに僕がCMをプロデュースする森ビルは、六本木ヒルズの建築中だった。そのため、ふたつのクライアントが絡んでいたこのプロジェクトは自然と耳に入り、都庁に多くの友人もいたことから、自然にこの中心に近づくことになっていった。

2002年、石原都知事は都庁内でのデモンストレーションを実施した。地上202メートルにある都庁舎45階の展望室で模擬カジノを開き、2日間で1000人近くの国会議員や地方自治体、観光関連業界の関係者らを招いてゲームの疑似体験をさせた。その際、BSフジで番組が制作され、タレントが模擬カジノでベッティング（賭け）をするのと同時に、視聴者はBSのリモコンを使ってテレビ画面でベッティングするという、意欲的な実験番組も行われた。

この頃東京都は、カジノの経済波及効果を最大2200億円と試算しており、財源に苦しむ全国の地方自治体もまたカジノ構想に注目するようになっていた。大阪府は関西国際空港周辺でのカジノ構想を打ち出し、国会ではカジノ推進の議連が立ち上げられるまでに状況は変化していく。2003年2月には、東京都や大阪府を中心とする6都府県による「地方自治体カジノ研究会」が設立され、オブザーバーとして15道府県も参加。日本におけるカジノ像や法制度のあり方を検討した。

お台場カジノ構想はそのまま順調に進むように見えた。しかし、カジノが台頭すればギャンブル市場のシェアを脅かすとして、パチンコ業界は猛反発する。パチンコ業界を抱える警察はカジノに難色を示し、利権の絡む多くの国会議員もまた及び腰となり、最終的に計画は立ち消えになってしまう。

2003年6月の時点で、石原氏は、都内お台場の臨海部に仮設の施設をつくり、大規模なカジノ実験を行う計画の中止を発表する。「現行法でカジノ実現は無理」として、事実上の〝構想断念〟を宣言したのだ。それは、日本に深く根付くパチンコ業界の闇が垣間見えた瞬間でもあった。

シンガポールに奪われたカジノ構想

この直後、横から現れて日本のカジノ構想を見事にさらったのが、現在、ＩＲ事業において大いに成功しているシンガポールだ。初代首相を務めたリー・クアンユーはクリーンなイメージを維持するため、１９６５年の建国以来、カジノ導入を一切認めなかった。そうした流れがある中、２００４年、3代目の首相となった息子のリー・シェンロンの動きは実に早かった。就任直後にＩＲ検討を表明し、翌年、ＩＲ導入のためにシンガポールの法律そのものを変えた。そして、その5年後にはふたつのＩＲ施設をオープンさせたのだ。

彼は、以前から内々に話していた。「もし、東京にＩＲ施設ができたら、もう追いつけなくなる」と。東京のカジノ誘致中止は、リー・シェンロンにとって、なによりの福音に聞こえただろう。日本が利害調整で内輪もめをしている間に、シンガポールは素早く国家としての方針転換を図り、ＩＲ導入へと動いた。資源も何もない小国として、その先の時代を生き延びていくために。

実は日本も同様なのだが。

その後２０１４年、安倍総理はＩＲ戦略実現に向けてシンガポールの施設を視察している。だが、もとをたどれば、日本の実業家の資金によって開花したビジネスモデルで、東京都民の税金を使って都知事が中心となって完成させたアイデアが原型なのだから、なんとも皮肉な話だ。

十余年、日本におけるカジノ構想は「浮かんでは消え」を繰り返しながら、何も変わらずに、その間、他国は躍進してきた。しかし、とどまることを知らずに膨れ上がる国の借金を見過ごすことはできず、税収増と雇用増の一挙両得が見込めるカジノに再び注目が集まる。盛り返しを見せるようになるのは、２０１０年４月、民主党の古賀一成衆院議員を会長とする超党派がＩＲ議連（国際観光産業振興議員連盟）を立ち上げた頃からであり、紆余曲折を経たのち、ついに２０１６年秋の臨時国会でＩＲ推進法案を含む議員立法が審議入りに向けて動き出した。

日本がかつて企画したカジノ構想、すなわちアジアにおける本格的なＩＲ戦略は、日本の実業家が買収した資金で始まり、日本の知事が中心となって始めたアイデアなのだ。それにもかかわらず、シンガポールに持って行かれてしまったものであり、今こそ取り返し、彼ら以上のものをつくるべきではないか、と僕は考える。そのためには、ＩＲをカジノと混同することなく、その本質を正しく理解することが、何よりも必要だ。

本書では、僕が実際に見てきた世界におけるカジノやＩＲを紹介し、その失敗と成功を紐解いていく。個人としての視点で各国から得た多くの教訓が、日本の経済活性のラストチャンス、ひいては変化とリスクをテイクし、日本を次のステージへと大きく押し上げる一助となることを願ってやまない。

もしかしたら、これが日本の「最後のリゾート」になるかもしれないのだから。

第1章

なぜシンガポールは短期間で観光収入を3倍に増やせたのか？

「何もない国」ならではの危機意識

シンガポール共和国を一口で表現するなら、「何もない国」という表現がぴったりだろう。マレー半島南端、赤道の137キロメートル北に位置するこの島国の国土面積は、わずか710キロ平方メートル。東京23区より一回り大きい程度であり、人口も554万人（2016年6月、外務省調べ）と非常に少ない。天然資源や水源に乏しく、世界に誇れるような技術も産業もない。国家の歴史は、1965年8月9日に建国されてから50年余と非常に短く、伝統も文化もない。まさに何もないのだ。

この持たざる小国は、建国以来、ひとつの事実を意識し続けてきた。それは、「今までもこれからも、大国となれるはずがない」ということだ。

近隣には、かつて追放されたマレーシアがあり、中国とインドというふたつの大国からも遠くない位置にあるため、常に攻め込まれる危機意識がある。また、経済においても、乏しい資源では大国と勝負などできないと理解し、独立の1年前の時点で、外貨を稼ぐために観光振興局を設立した。

歴史も文化もないシンガポールには、建国当初、目玉となる観光資源などほとんどなかった。あるとすればただひとつ。「戦略」のみ、だ。

例えば建造当初のマーライオンは、いわゆる「世界3大がっかり観光地」に挙げられたものだが、これは60年代のホテル建設と合わせ、立派な観光戦略の一環としてつくられたものだ。この建造に続いて、旅行者を招きやすいよう「ガーデンシティ政策」を掲げ、清潔で緑の多い街を目指して植樹や都市公園の整備が行われている。

70年代になると、ジュロン・バードパーク、セントーサ島、シンガポール動物園などのアトラクション施設の開発と、特にコンベンション・ビューローの設置に注力。国際会議の開催と観光客の誘致を行う施設づくりを進めた。そして、80年代にはスラムの撤廃と近代都市の建設など、大規模な都市整備開発に乗り出している。

ハード面における観光資源を整備したのちは、ソフトの充実に向かう政策を次々に打ち出した。90年代には、ツーリズム・アンリミテッドを掲げ、アジア観光のハブとなるべく、近隣諸国も含めたパッケージツアー開発や芸術イベントの開催など、観光関連産業の強化を進めていく。

そうして観光客を集めて外需を伸ばしていく中、シンガポールにおけるひとり当たりのＧＤＰは右肩上がりの成長を続け、２００７年には目標にしていた日本を越えるまでになる。そのランキングでいえば、２０１５年の時点で世界第7位にまで引き上げており、それに引き換え日本は、26位まで順位を落とすことになる。今や、シンガポールに行って、「がっかり」する人はいない。

急成長を遂げながらも、彼らは「自分たちは小国だ」という危機意識を常に持ち続け、次に打つ手を考えていった。２０００年代になって、それまでの国家方針を１８０度転換してまでＩＲの実現に向かったのは至極当然のこと。建国以来、機を見るに敏な観光戦略の流れがあり、日本がつくってくれたチャンスを見逃さなかった。

日本とシンガポールは、国土や人口の大小はあっても同じく島国であり、他国に吸収合併されることなく、独自戦略を育めるだけの地理的条件を持っている。しかし、このふたつの国の決定的な違いは「小国は小国である」という危機意識の有無にある。世界経済フォーラム（ＷＥＦ）が発表した２０１５～16年版の「世界競争力リポート」によれば、シンガポールは5年連続で世界2位となっているが、彼らはそこにあぐらをかくことをせず、常にその先を見据えている。

一方、「ジャパン・アズ・ナンバーワン」ともてはやされた時代を引きずる日本は、いまだ自らを経済大国と思い込んだまま、この失われた20年を費やしてきた。バブルの後遺症から長く続く低迷を抜け出すためには、まずシンガポールのような強い危機意識を持つことが必要だと、僕は何よりも考えている。過去の成功体験に溺れずに、変化を拒まず、たとえ不確実でもチャンスを見逃さないことが大切だと、世界中の国々を見て痛感している。

「導入するなら、カジノではなくＩＲだ！」

実のところシンガポールでは、１９６５年の建国以来、カジノを禁止しており、合法化が幾度となく見送られてきた歴史がある。初代首相のリー・クアンユーのクリーンな姿勢へのこだわりや、ギャンブル依存症への懸念があったこと、さらには多民族多宗教国家であるがゆえに、カジノの利用が宗教的に禁じられているイスラム教徒が全人口の14％以上を占めていることもその大きな要因となっていた。

１９８５年、深刻な経済不況に陥ったことで具体的なカジノ構想が浮上したが、ゴー・チョクトン副首相により却下され、２００２年に再び提案された際にもリー・クアンユー首相が議長を務める経済審査委員会で否決されている。

しかし、２０００年代初期のこの時期、マレーシアをはじめとする近隣諸国が観光資源の開発に力を入れ出す。１９９７年の中国返還ショックから回復した香港ではディズニーランドの開設準備が始まる。ＬＣＣ（格安航空会社）が急激に力を伸ばしたことによって海外旅行に出かけるインド人や中国人の観光客数も爆発的に増加していった。各国が観光客を取り合う厳しい状況の中、２００３年のＳＡＲＳ（重症急性呼吸器症候群）の流行は、そこに追い打ちをかけるようにシンガポールの観光産業に打撃を与えたのだ。

この時期と重なるように、近隣諸国で脚光を浴びていたのがカジノ産業だ。マカオではカジノへの巨大投資が行われ、タイでもカジノ法案が検討され、アジアを巡るクルーズ船内ではカジノが流行しており、シンガポール国会でも話題に上るほど見過ごせない状況だった。

また、シンガポールに程近いインドネシアのバタム島や、マレーシアのクアラルンプール近郊にあるリゾート型カジノには、シンガポールの富裕層がこぞって遊びに出かけていた。もはや、カジノは自国民にとっても無縁のものではなくなっていたのだ。

2004年8月、リー・クアンユーの息子で、3代目首相の座に就いたリー・シェンロンは、こうした状況を迅速に踏まえ、観光産業の復興と、都市の再開発を両立させる有効な手段として、IR導入を政府主導で行う方向に舵を切った。ちなみに彼はロシア語、マレー語、中国語、英語の4カ国語が堪能で、ケンブリッジ大学とハーバード大学行政大学院を出たインテリだ。

IR導入決定時のリム通商産業大臣の演説によれば、「IR導入の議論が始まるまでの過去10年間（1993〜2002年）において、シンガポールを訪問する観光客数は650万〜750万人と停滞。観光収入は113億シンガポールドルから94億シンガポールドルへと17％も落ち込み、観光収入のGDPへの貢献は6・1％から3％に減少、アジア太平洋地域における観光収入のマーケットシェアは、13・1％から6％に低下した」と、具体的な数字でその凋落ぶりを訴えている。

これ以上観光産業が低迷すれば、これまで着々と進めてきた観光戦略に影を落とす。国際会議を誘致するMICE産業の未来や、チャンギ国際空港がハブ空港として果たしてきた機能にも影響を与えると、シンガポール政府は強い危機感を抱いた。

一方、ニューヨーク、パリ、ロンドン、上海などの世界の主要都市もまた、多様な再開発プロジェクトを進めていた。それぞれが魅力ある観光都市であり続けるべく、変貌を遂げている。

ＩＲ導入を発表した２００４年８月、リー・シェンロン首相は「世界の変化に歩調をそろえるか、無視して落伍するか」の選択をしなければならない岐路に立ったことを語り、「シンガポールは止まることはできない。止まったときの苦しさに耐えられない」と国民に向けて強く訴えた。そして、さらに彼はこう言ったのだ。「我々が検討するのは、単なるカジノではなくＩＲだ」と。

もちろん、ＩＲがもたらすものは経済的な効果だけとは言えない。社会的に悪影響を与えることを懸念する国民は多く、１年以上にわたって、政府はＩＲ構想を検討してきた。国民の間でも、政府内部でも議論を戦わせ続け、通商産業省による調査や、政府機関による意見交換会などを実施。調査結果をもとに、すでに自国民が周辺国のカジノでギャンブルを行っていること、国内でもくじや競馬などのギャンブルを認めていることなどから、カジノ禁止が負の影響を抑止する解決策にはならないという結論を出し、同時に、ギャンブル依存症対策の推進を約束した。

２００５年4月、リー・シェンロン首相はマリーナベイ地区とセントーサ地区の２カ所にＩＲ施設を設置する具体的な計画を発表した。演説では、やはり「我々が導入するのは、ただのカジノではなく、ＩＲであり、単にカジノ施設を建設することとは決定的に違う」と説いている。ＩＲの大部分を占めるのは、ホテル、レストラン、ショッピングモール、会議施設のため、家族連れをはじめ、多くの人々が楽しめる場所であり、薬物や犯罪、依存症が蔓延するダーティーなカジノとは違うのだと。

シンガポール政府は、この発表の半年後にカジノ管理法案を作成し、翌年2月の議会で可決、同年6月にはこれを施行した。ＩＲとは、カジノをその核に含む複合観光施設であり、そのため、カジノそのものは総施設面積の5％以内にする、と定義付けた。さらに、シンガポール国民には1日１００シンガポールドルの入場料を賦課し、もしも国民がギャンブル依存症になった場合には、本人だけでなくその家族全員がカジノ施設内に入場できないなどの厳しい規制もつくっている。

また、開発計画については、２００4年12月の時点で、コンセプトの国際公募を行っている。その際、コンセプト企画には拘束力がなく、政府にも実施の義務がないという条件をつけていたが、ＩＲ開発に実績のある19もの企業が参加。事業者から寄せられたコンセプトが賞賛を受けたことも、ＩＲ実現に大きな意義があると認識する裏づけになっただろう。最終的には、マリーナベイ地区はラスベガス・サンズ社、セントーサ島はゲンティン社と、それぞれ高い開発実績を持つ企業が落札することになる。

導入の本格検討表明から2大ＩＲがオープンするまで6年足らず。シンガポールのＩＲは驚くべきスピードで実現したのだった。

観光戦略の基本は、世界各国の「パクリ」

２０１０年、予定通りにふたつのＩＲ施設をオープンしたシンガポールは、観光収入と観光客数を大きく伸ばすことに成功する。前年の２００９年の外国人観光客数は９７０万人だったが、通貨が上昇したのにもかかわらず、２０１６年には１５２０万人を超えるまでになる。オープンからたったの6年で57％も増加し、瞬く間に世界トップのＩＲ施設となった。多くの日本人も観光でシンガポールを訪れることになり、そのほとんどはＩＲ施設に足を運んでいる。

彼らが仕掛けた観光戦略の、一体どこが優れていたのか。それは、世界の成功例を上手に〝いいとこ取り〟する点にあり、ズバリ言ってしまえば、「パクリ」だ。早い話が、世界各国の観光戦略から成功している部分を抽出し、巧妙にサンプリングしているのである。

石原都知事が断念したカジノ構想そのものをサッといただいた話はすでに書いた通りだが、その収益モデルや施設全体の構想についても、マカオやラスベガスの成功例から実にうまく〝いいとこ取り〟している。

シンガポールがカジノ禁止から大きく舵を切った背景には、中国経済の発展と、マカオにおけるカジノ観光業の台頭がある。1999年、ポルトガルから中国にマカオ統治権が返還されたが、これを契機に、マカオ行政府は中国人の富裕層がカネを落とす仕組みをつくろうと目論んだ。

2001年にカジノ市場の開放を決定し、行政府自らが海外企業を含む6つの参入業者を選定。積極的に外国資本を導入し、巨額の投資が行われた結果、マカオのカジノ施設はメキメキと頭角を現していくことになった。世界ナンバーワンのカジノの殿堂ラスベガスを擁するネバダ州を追い抜き、２００６年には世界最大のカジノ市場を生み出すまでになる。

なぜそれほどにマカオに中国人富裕層が集まったのか？　それは、中国人特有のギャンブルへの過度な情熱だけではない。実は、人民元の国外持ち出しに対する中国政府の厳しい制限を逃れられる仕組みが背景にある。第2章でくわしく説明するが、マカオでは、ラスベガスのように、カジノがギャンブラーの身元を調べ、直接カネを貸すわけではない。その代わりに大金を賭ける者にカネを貸したり、宿泊施設の手配をする「ジャンケット」という仲介人がいる。この存在がカジノでの金の流れを不透明にしてくれるのだ。

そして、カジノで得た儲けは香港ドルで支払われ、そのまま香港の銀行に送金し、隠し財産にすることが可能だ。個人資産を保護する法整備が整っていない中国においては、これは格好の金融システムといえるだろう。

シンガポールはまずこういった上客を相手にする手法を上手にいただこうと考えた。

１９６０年代から外国企業の誘致に積極的に取り組み、その金融市場はＡＳＥＡＮ地域のハブとして、外国為替を中心に発達してきた。1968年には、海外の金融機関や投資家を対象にした外貨預金の受け入れ、外貨貸し付けを行うための仕組みを導入。「何があっても顧客情報を明かさない」という徹底的に秘匿性の高いプライベートバンクやタックスヘイブンでオフショア市場を生み出した。そして、富裕層たちが徴税を逃れ、資産をこっそりと隠すことのできる世界有数の資産管理センターとして評判を高め、2009年、金融センターの国際競争力を評価するグローバル金融センター指数では世界第4位となったのだ。このあたりも、プライベートバンクの本場、スイスやルクセンブルクのやり方を上手にいただいているといえるだろう。

このように金融システムとカジノ市場をうまく結びつけたシンガポールは、2014年、世界最大の「オフショア中国人民元市場」である香港に次ぐ第2の市場に浮上するまでになる。2016年には英国に追い抜かれるものの、それでも人民元建て決済総額では世界第3位の地位をキープしている。ちなみに、香港はこの人民元建て決済総額の72・5％を扱い、続いて英国が6・3％、シンガポールは4・6％だ。内訳の数字は低くとも、中国人のワケありマネーを含んだ資産を取り込むことに成功し、香港方式の恩恵にしっかりとあずかっているのがうかがえる。

ＩＲをつくるのも運営するのもターゲットも、外国人

一方、シンガポールはマカオが外国資本を誘致してＩＲ施設をつくったやり方もうまく取り入れている。国民のギャンブル依存症が問題視されているマカオとは違い、「ＩＲをつくるのも運営するのも外国人」でありながら、「外国人観光客」を基本ターゲットにする方法を考え、直接手を出さずに外国人のカネを回し、おいしいところ取りをする巧妙な仕組みをつくったのだ。

これまで幾度となくシンガポールを訪れているが、僕が出会った限りでは、官僚の誰もが、「カジノに一度も足を踏み入れたことがない」と言う。この国において、今もってギャンブルは「背徳」であり、公的にもそう発言されている。

観光収益を上げるために国家を挙げて取り組んでおきながら、シンガポール政府観光局（Singapore Tourism Board）の POLICY&PLANNING GROUP で働く、女性ディレクターのジュリアナ・クアさんは2名の女性秘書を両脇に従えて、キッと眉を吊り上げながら僕にこう答えた。

「カジノですって？（汚らわしいという表情で）私が行くわけがありません」

シンガポール人が好むという赤のワンピースに身を包み、彼女は誇り高く言い放った。秘書たちはおどおどして、彼女の機嫌をうかがっている。政府観光局で働くことができるのはシンガポールでもエリート中のエリートで、ジュリアナさんが役職以上の権力を握っていることがうかがえる。

シンガポールでは、カジノでカネを落とすのも外国人なら、カジノを運営するのも外国人。国家も国民もそこには一切ノータッチで、外貨の収益を吸い上げるという手法だ。マカオのおいしいところを上手にサンプリングしたことで、政府も国民も、ギャンブルから切り離された立ち位置を確保することができた、といえるだろう。

ふたつの大型ＩＲ、マリーナベイ・サンズとリゾート・ワールド・セントーサ

ここで、シンガポールにおけるふたつのＩＲ施設がどんなものなのか紹介しよう。

シンガポール南端の海に面した「マリーナベイ・サンズ」は、マリーナ湾を埋め立て

た再開発エリアに建設され、２０１０年4月に一部開業し、７月に全面オープンした。

アメリカ・ラスベガスのカジノ運営会社、ラスベガス・サンズによるこの施設の総工費は56億ドル。57階建て３棟の高層タワーホテルはその斬新なデザインでシンガポール観光の象徴のような存在となった。３棟のタワーの上をまたいで大きな船が乗っているデザインは、非常に特徴的であり、ともすれば悪趣味にも見える。しかし、最上階の57階、つまりこの巨大な船の上には、シンガポールの街を３６０度見渡せる展望デッキや、水平線が空に溶け込むかのようにデザインされた絶景のインフィニティプールがあり、世界中から人を惹きつける魅力的な観光スポットとなっている。客室は２５６１室を擁するが、年間稼働率は常に90％以上。海外からやってくる外国人でほぼ連日満員だ。

このホテルを中心に、大型ＭＩＣＥ施設、大型ショッピングモール、劇場とミュージアム、そして、カジノ施設で構成されている。

モールには52軒のレストランとクラブ、２５０以上のブランドショップが連なり、世界各国のグルメやラグジュアリーなショッピングを楽しめる。２０００席規模の2つの劇場ではワールドクラスのエンターテインメントが催され、ミュージアムではアートにサイエンス、デザイン、メディア、建築、そしてテクノロジーなどの展示を行う。屋内にはスケートリンクや、ボートでの移動を楽しめるベネツィアを意識したような運河などもあり、さらに、ウォーターフロントのエリアではレーザーエフェクトを駆使する光と水のエンターテインメントショーも毎夜一般公開されている。まさに、都市型の一大リゾート施設となっているのだ。

なかでも、マリーナベイ・サンズの集客において、最も大きな役割を果たしているのは、大型ＭＩＣＥ施設だろう。ここにはアジア最大級の国際会議場、国際展示場がある。延べ床面積12万平方メートル、東京ドーム２・６個分の広さで、その収容人数は４万５０００人以上。ここの特徴は、長年コンベンションセンターを運営してきたサンズならではの、「使い勝手のよさ」にある。詳細は後述するが、この施設を活用し、シンガポールは２０１１年から13年まで、国際会議の国別年間開催件数で世界トップにまで上り詰める。

この施設の運営会社、ラスベガス・サンズの創業者はシェルドン・アデルソンだ。かつて、世界最大級のコンピュータ関連展示会ＣＯＭＤＥＸで大きな成功を手にした男。世界のビジネス・エグゼクティブを大量に集める施設を据えたのは、彼ならではの手法と言えるだろう。会社の経費で国際会議に参加する裕福なビジネスマンたちは、そのついでにカジノや周辺施設で遊んでいく者も少なくない。

５００のゲームテーブルと１６００台のスロットマシンが並ぶマリーナベイ・サンズのカジノは、単独としては世界最大の規模としても有名だ。しかし、施設全体における占有面積は、ＩR法案で定義づけた5％を下回る、２・６％に留められている。また、ラスベガスのほとんどのホテルでは、エントランスから客室に行くまでの間に必ずカジノを通るようなデザインになっているが、マリーナベイ・サンズではホテルやＭＩＣE施設とカジノははっきり切り離されている。このあたりにも、「ＩR施設は、カジノとは違う」というシンガポールの徹底した姿勢がうかがえる。

一方、シンガポールにおけるもうひとつのＩR施設が、「リゾート・ワールド・セントーサ」だ。マレーシアのカジノ運営会社、ゲンティン・グループによって開発された。ファミリー向けのレジャーやリゾート施設にカジノを併設するスタイルを得意としている企業のため、そのターゲットはやはり家族連れ。総工費65・9億シンガポールドル（約４９００億円）をかけて一大レジャー施設を誕生させた。

シンガポール随一のリゾート地であるセントーサ島に建設されたこの施設の目玉は、「ユニバーサル・スタジオ・シンガポール」だ。東南アジア初進出で、シンガポール独自のアトラクションを16も擁する大規模なテーマパークとなっている。50ヘクタールにわたる広大なその敷地は、アトラクション間の移動をカートで行うほどだ。


このほかにも、世界最大の水槽を据え、イルカと触れ合うこともできる水族館「シー・アクアリウム」には、水着で過ごせるウォーターパークや、巨大な水槽を前に食事ができるレストランも併設。ショーでは、世界的なステージデザイナー、マーク・フィッシャーが手がけた劇場「リゾート・ワールド・シアター」をはじめ、ソルトレイク・オリンピックの開会式・閉会式を手掛けたジェレミー・レイルトンが演出する噴水とレーザーを駆使した水と光のショー「レイク・オブ・ドリーム」、ラスベガスでショーを行うシルク・ドゥ・ソレイユと同チームによる「ラヴィ」など、多彩なジャンルで展開。これでもか、とばかりに子供と一緒に楽しめる要素を詰め込んでいる。

水辺や樹木を巧みに配置し、亜熱帯のリゾートらしさを醸し出す施設内には、ブランドショップやレストランが１００店舗以上立ち並ぶショッピングストリートがある。キャンディーショップや、日本でも行列ができていた「ギャレット ポップコーン」など、子供を意識した店舗も数多い。また、シンガポール最大面積を誇る、英国発の高級スパリゾート施設「ＥＳＰＡ」もあり、女性のニーズもしっかり満たしている。

夫がカジノでギャンブルに興じている時間、妻や子供は買い物やスパ、アトラクションを楽しめる。施設内には会議場もあるが、メインターゲットは家族連れ。ラスベガスでいうところのスティーブ・ウィンのスタイルを踏襲しながら、有名なテーマパークとうまく調和させているといえるだろうが、そのセンスには少し疑問が残る、と考えるシンガポール人も多い。このあたりは、マレーシアの企業センスなのだろう。

こちらのカジノは、クロックフォード・タワーホテルの地階にあり、５００ものゲームテーブルや、ブラック・ジャック、ポーカーをはじめとする19種類のテーブルゲームを用意している。スロットマシンなどのゲームマシンは１３００台。ＩＲ施設の総床面積に占めるカジノの面積は４・４％になっている。

リゾート・ワールド・セントーサは、６つのホテルを擁し、建築家マイケル・グレイヴスによる世界初のホテルも含まれている。総客室数1830室の稼働率は高く、中国人のVIP観光客が減少したとされる2015年でも、93％という数字を誇っている。

ラスベガス・サンズとゲンティン・グループによって、シンガポール政府は労せずして異なる魅力を持つIR施設をオープンすることができた。このふたつの企業を誘致できた背景には、開発要件における事業者への優遇施策が大きく作用している。

シンガポール政府は、開発開始の2007年から10年間は、他のカジノ進出をさせない独占ライセンスを付与することを約束している。また、収益に対するカジノ税の税率も、世界最低水準の15％に設定。マレーシアでは28％、マカオでは40％もの高額な税率が課されていることを考えれば、破格の待遇だ。

これに加え、カジノ内の口座に10万シンガポールドル以上の預金を持つ「特別顧客」、つまり、大金をギャンブルに注ぎ込んでくれる上客に対しては、5％という非常に低い税率を設定したのも特筆すべきことだ。結果、富裕層を呼び込みやすい環境をつくったことは、開発事業者と国家の双方に利益をもたらすこととなった。

マリーナベイ・サンズの優れた発想とは？

僕が初めて仕事でシンガポールを訪れたのは、かれこれ20年以上も前のことだ。当時、マレーシア、インドネシア、シンガポール、そして日本のフジテレビの4カ国共同制作で、アジアから世界に通用するシンガーを発掘する『アジア バグース』という番組を放送していた。よく審査員を務めていた僕は、シンガポールやインドネシアでの収録にも出演するために、この地を頻繁に訪れるようになる。

以来、仕事に私事に現地を訪ね、気がつくとハブ空港として利用する機会が増え、シンガポールの街がみるみる様変わりするのを、この20年にわたって見てきた。とはいえ、僕自身はカジノから遠ざかって久しい。かつてはラスベガスの鉄火場のようなカジノで、独自の必勝法を編み出し、それなりのカネを落とす「小ＶＩＰ」と目されていたほどにギャンブルに興じた時期もあった。25年近く前には世界中のカジノを回る雑誌連載や、独自の必勝法をテレビでも披露していたが、インターネットの普及によって、いつでもどこでもギャンブルから株式投資までもが可能になり、また、あらゆる企業のポイント合戦と相まって、街や社会構造がカジノ化するような感覚を覚えてから、僕の足はカジノから遠のいた。

僕は90年代末から変貌した資本主義を、「カジノ資本主義」になった、とよく話していた。1999年、時の米国大統領ビル・クリントンが署名した投資銀行の兼業規制撤廃法により、世界全体が鉄火場と化したのである。


さて、マリーナベイ・サンズには、ホテルに隣接するショッピングモール「ザ・ショップス」の中に高級ブランドショップが立ち並び、24時間営業で世界中のグルメを楽しませるレストランがひしめいている。その中でもとりわけ目を引くのは、モール内や最上階の「サンズ・スカイパーク」、カジノスペースに配された世界一流のセレブリティ・シェフによる10軒のレストランだ。アメリカで活躍するウルフギャング・パックの「CUT」やマリオ・バターリの「オステリア&ピッツェリア・モッツァ」、フレンチの「ギ・サヴォア」に、スペイン出身のサンティ・サンタマリアの「サンティ」、そしてシドニーからは「TETSUYA'S」の和久田哲也シェフが手がける「WAKU GHIN」など、世界の有名店が集結している。

僕が非常に面白いと感じたのは、ニューヨークで活躍するフランス人シェフ、ダニエル・ブールーによる「ｄｂビストロモダン」だ。彼は世界のトップ10レストランにランクインしたこともあり、２０１０年のミシュランガイドでは三ツ星を獲得している。僕も、彼がニューヨークで手がけた店に、何度も行ったことがある。

劇場の目の前にあるこの店では、フレンチとアメリカンのフュージョン料理を提供するが、その代表作、いわゆるシグネチャーディッシュは、高級ビーフの巨大パティを使った極上のハンバーガーだ。フォアグラやトリュフなどを使う贅沢なバーガーもあり、なんと原価率80％と言われている。すなわち、採算度外視で、世界最高の極上バーガーを提供しているのだ。

僕が思うに、ＩＲ施設が他にはない魅力を持つのは、他では考えられない「斬新な店」が登場することにある。一店で見れば赤字でも、ＩＲすべてで見れば問題ないことが、まさに「統合型」の魅力に他ならない。例えば、日本でこれをやるのなら、老舗料亭の「吉兆」がラーメン店を出してもいいだろうし、世界一の高級鮨とも言われる「すきやばし次郎」による回転寿司があったら面白いと思うが、それはＩＲだから可能なのである。

これが、今や、どの国のどの施設でも大差ないショッピングモールとは違うＩＲの魅力だ。世界中から質の高い観光客を集めたいのなら、センスがよく、唯一無二の存在となる飲食店を誘致し、特別なものを提供することが必須なのは言うまでもない。また、それは飲食店だけに限らない。ＩＲだけにしかできないセンスのよい取り組みを行えば、地方創生の鍵になることは間違いない。詳細は後述するが、そのようにして大きく復活した街を、僕は実際にいくつも見てきた。赤字や採算性云々をとやかく言う前に、まずは施設全体で魅力ある仕掛けをつくる。そうすれば、そこに人は集まり、結果的に地域や国家に大きなプラスを生む。

税金ではなく、巨額の資金を投資して施設をつくる機会などそうはない。それはつまり、世界にあるセンスのいいものを採算度外視で集められる千載一遇の好機であり、シンガポールを超え、アジアの観光大国へと日本が一躍のし上がることができるかどうかのラストチャンスのように思う。

また、マリーナベイ・サンズのＭＩＣＥ施設も、現在の日本のコンベンションセンターとは比較にならないほど考えられた構造になっている。

国際会議や展示会では、数千〜1万人もの参加者が同じタイムテーブルで一気に動くものだが、シンガポールではこれを見越して、奥行きが短く、横幅が広い巨大なエントランスをつくっている。エレベーターは4機あるが、時間帯ごとに上り専用を3機、下り専用を1機にするなど、人の流れを考えたオペレーションがされているのが特徴だ。

さらに昼食や休憩時間が重なることを想定して、カフェテリアの設計にも工夫が凝らされている。バックヤードには、コンベンション専用のキッチンがあり、肉のラインや野菜のラインなど、食材が続々と運び込まれるローディング・システムから効率的に分配され、料理を一気に大量生産できる体制をつくっているのだ。これによって、1万人でも待たされることなく昼食をとることができる。

同時に動く大量の人々の動線を理解したつくりになっているのは、さすが世界最大級の展示会を手がけてきたシェルドン・アデルソンだ。こうした利便性の高い施設構造が、世界各国から国際会議を誘致する要因になっているのだろう。

マリーナベイ・サンズ、収益の80%以上はカジノから

マリーナベイ・サンズのカジノに入場する際は、他の国のカジノよりも少々厳しいチェックを受けねばならない。ここには、シンガポール人・永住権取得者向けの「SINGAPOREAN/PR」列と外国人向けの「FOREIGNER」列のふたつのゲートがある。シンガポール人はここで身分証明書を提示し、1日100シンガポールドル（2016年10月現在、約7500円）の入場料を支払わねばならない。外国人であれば無料で入場できるが、入国審査のごとくパスポートの提示を求められる。セキュリティチェックの意味もあるだろうが、自国民をギャンブル依存症から守るための入場規制は徹底している。

ドレスコードはさほど厳しくはなく、男性の場合、禁じられているのはタンクトップや袖のないシャツ、短パン、サンダルのみ。デニムにTシャツ、スニーカーのような服装でも普通に入場できてしまう。男女ともに、ヨーロッパのカジノのようにドレスアップしている人間は、まず見かけることもなく、実際、カジノ内にいた客の多く

はかなりカジュアルな服装だ。東京の青山や二子玉川あたりで見かける人々のほうがよほど金持ちに見えるだろう。

そして、圧倒的に多いのが中国人だ。観光バスで銀座に押しかける中国人と変わらない印象で、ひと昔もふた昔も前のファッションセンスはお世辞にも金持ちには見えない。しかし、この中にハイローラーと呼ばれるカジノの上客がいるのだ。

「high roller」とは米国のスラングであり、「賭け事で大金を賭ける人、向こう見ずな勝負をする人、金遣いの荒い人、浪費家」という意味を持つ。そのものズバリ、カジノはカネをガンガン落としてくれるこの富裕層を相手にしている。

カジノの客には、幾つかのランクがある。まず、最も多いのが物見遊山で小遣い程度の金額を落とす一般人。シンガポールで年間にカジノを訪れる人々は推定1800万人といわれるが、そのうちのほとんどがこれに当たる。

この上のランクになると、年間で1000万〜5000万円程度を使う「小VIP」がいて、2万人程度といわれている。かつて僕がカジノに興じていた時代には、このクラスにランクされていた。「負けないギャンブル」を研究して続けていたあの頃の話は、また後述しよう。

さて、さらに「ＶＩＰクラス」になると、その額は一気に跳ね上がる。年間で10億～20億円を使うだけにその人数はぐっと減り、２０００人程度となる。

そして、最上級の扱いを受けるさらに上のクラスは、驚くなかれ、年間に１００億～２００億円もの巨額のカネを投じるのだ。これは全体でも２００人程度しかいない、ほんのひと握りの大富豪で、日本人も２～３名は含まれているという。

カジノにおける売り上げの70～80％はこれらのハイローラーがもたらしているといわれるが、シンガポールに限らず、どこのカジノでもＶＩＰ客をつかむために、一般客に提供するサービスや対応とはまったく違う扱いをしている。

例えばマリーナベイ・サンズの場合、一般向けには、ゲームのプレイ実績やリゾートホテルのショッピングモール・レストランなどでお金を使うたびにポイントが加算されるメンバーズカードの優待制度を取り入れている。貯まったポイントはキャッシュバックやホテルの宿泊費用割引・商品券などに充当でき、カジノでのゲームプレイ実績に応じてランクアップがされ、レストラン利用が無料になったり、空港までのリムジン送迎サービスなどの特典が与えられる。

しかし、これとはまた別に「コンプ」（補足を意味するcomplementaryの略）というVIPハイローラーのための優待プログラムが用意されていて、これだとビジネスクラスやファーストクラスの航空券代や飲食代・宿泊費が完全無料になる。さらに数千万～億単位を落とす超VIPとなれば、ラスベガス・サンズ社が保有するプライベートジェットでの送迎までついてくる。こうしたサービスの充実も富裕層を呼び込むための秘訣だろう。

マリーナベイ・サンズ内には、これらの上位2階級のVIPにランクされた人々しか入れないスーパーVIPフロアがある。1階、2階は一般来場者向けで、3階、4階はVIPルームだが、VIPルーム自体にもクラス分けがあり、ゴールド会員以上向けのルビールームと、プレミアムなVIP会員向けのPAIZA（パイザ）ルームがある。1日に1億円、あるいは1ベット（1回の賭け金）に7000万円もの賭け金を費やす彼らだけが遊べるパイザルームへは、専用の通路を通らないと入場できない。ここでは、24時間様々な種類の料理や飲み物を注文でき、完全プライベートになる個室も用意されている。誰にも見られることなく、ギャンブルに興じるための動線と施設があるというわけだ。

ＶＩＰエリアにいる海外からやって来たハイローラーに話しかけてみたところ、「もし日本にカジノができても、すぐに行くことはない」と皆が口を揃えて答える。その理由は何かと言えば、「顔を見られたくない」からで、当初は様子見するという。

言い方を換えれば、日本のカジノの成功の秘訣は、徹底したＶＩＰプライバシーの保護にかかっている。彼らには、「渡航中も誰にも見つかることがありませんよ」と、絶対的に理解される必要がある。日本におけるギャンブルには、競馬、競輪、競艇などがあるが、このようなサービスはない。たとえカジノが華々しくオープンしても、実際のところ、ここまで徹底した仕組みをつくれるのかどうか、疑問を抱かれるのは仕方ないだろう。

このようなスーパーＶＩＰは、シャンデリアのカーテンが煌めく４階にある個室から出てこない。いわゆるバンケットルームのようにだだっ広い空間に、ぽつんとゲームテーブルが置かれているのみ。しかし、目の前では１ベット７０００万円という、とんでもない金額が賭けられている。異様にも思える風景の中、ディーラーを目の前にバカラに興じているのは、中国人などアジア系の富裕層だ。半袖シャツに短パン

（ハイローラーのみ可）というそのいでたちからは、とてもそんな大金を賭けているようには見えないだろう。〝幻のバーキン〟と呼ばれる、１０００万円超えのエルメスのヒマラヤを小脇に抱えるアジア系の女性も見かけたが、服装から見ても、大変失礼ながら田舎のおばさんにしか見えない。

ここで僕は、年間20億円をこのカジノに投じている人物へのインタビューに成功した。この界隈に住む日本人の投資家であり、週4〜5日はカジノを訪れ、数時間を潰している人物だ。東大卒でかつては外資系の証券マンだったという彼は、超金持ちらしさを感じさせないごく普通の身なりで、せいぜいプラダの小さなセカンドバッグを携えている程度だ。

一体、どれだけ儲けているのかと聞けば、「カジノで勝てるわけがないでしょう」と淡々と答える。「年間トータルで20億円程度賭けているが、計算では、どんなにうまくやっても年間２・５％の５０００万円負けて当然。金ではなく、私にはドーパミンが必要なんです。カジノは確率と運。勝つ瞬間をどこかで感じるために、やめられずに続けているだけですね」と言う。非常に頭の切れる面白い人物だったが、〝冷静なギャンブル中毒患者〟という印象で、本人もその自覚があるようだった。

マリーナベイ・サンズで、２０１５年のホテル客室収入は約４００億円、モールの収入は約１８０億円。対してカジノの収入は約２５００億円となっている。つまり、施設全体の収入の８割以上はカジノによって成り立っている。ＩＲ施設の総敷地面積のうち、カジノの面積は５％もないのにもかかわらず、だ。

また、施設全体の雇用者数は、直接・間接雇用を合わせてトータル約1万２０００人にも上っている。リゾート・ワールド・セントーサにおいても1万４０００人を雇用しており、ＩＲは地元の雇用創出にも大きく貢献している。シンガポールの人口は約５５４万人だが、うち、中華系が74％、マレー系が13％、インド系が９％を占めている。この３大民族を共存させるため、中国語、マレー語、タミル語を公用語としているが、共通語として英語も公用語とされてきた背景がある。シンガポールの国民は2カ国語を話せて当然であり、４カ国語以上話す人も少なくない。それゆえ、様々な外国人観光客に対応する際にも、言葉の障壁はまったくない。

僕がシンガポールのＩＲ施設を訪問したとき、ひとりの日本人女性にお目にかかった。ここで働く彼女の「日本人のみが英語を話せない。だから私が雇われているのです」という話が印象的だった。これから日本にＩＲ施設が誕生し、雇用を生み出すことができても、英語をはじめとする様々な語学のできる人材を、あらゆるセクションにどれくらい確保できるか。これも、ＩＲの成功の鍵を握るだろう。

優れたカジノ管理法で不正と犯罪のないクリーンな施設に

シンガポール政府は２００４年にふたつのＩＲ施設の建設を決定した際、政府から諸条件を提示し、入札により施設の所有・運営者を決める方式で進めた。これによって、税金を使った巨額の投資をするリスクを負わず、新たな観光の目玉をつくることができたのは先に述べた通りだ。しかし、この国が優れているのは、外資の自由にはさせず、カジノ運営をがっちりと規制する法案を整備したところにある。

実は、カジノ規制の先駆けとなったのは、アメリカ・ネバダ州だ。一時期、マフィア資金によるカジノ建設・運営がされる中、犯罪が増加し、悪評が立つようになった。それによる客離れを経験したのち、カジノビジネスと犯罪を切り離すために厳格な規制を設けたのだ。この規制法案は、ラスベガス・モデルとしてカジノやＩＲを新設する国・地域で参考にされているが、シンガポールも同じく、これをお手本にしている。

２００６年にシンガポールで制定されたカジノ管理法（Casino Control Act）では、内務省傘下のカジノ規制機構（ＣＲＡ＝Casino Regulatory Authority）が、細部にわたる規定の制定から、免許に関する審査、背景調査、免許の交付・停止・剥奪等の判断、細則制定、監視、検査までを担うことになっている。

その厳しさは、例えばライセンスを申請した時点で、経営陣全員の過去を徹底的に調べ上げる。犯罪歴や納税歴、反社会的勢力との関係など、過去10年にさかのぼって、家族・友人に至るまで調査が行われる。ディーラーなどのスタッフやゲーム機を納入する業者についても同様で、犯罪歴や経済状況、家族・友人などのバックグラウンド、海外在住歴があればその頃の犯罪歴やこれまでの活動状況等を、やはり最大10年前まで調べ上げるという。

マリーナベイ・サンズ、リゾート・ワールド・セントーサのどちらもこうした審査をクリアしており、オープン後でも、カジノ管理法違反があれば指導を受け、罰金を科されることになる。

また、実質的な法の執行を担うのは、シンガポール警察の犯罪調査局内に設置された新部署「カジノ調査部」（Casino Investigation Unit）であり、税徴収については、既存の「内国歳入庁」が担っている。基本的には内務大臣（内務省）による一元的な管理組織であり、米国の規制法を参考としつつも、行政構造の面では、オーストラリアのクイーンズランド州のものに近い。規制の内容は非常に細かく、厳格ではあるが、そもそもIR施設2カ所のみの許諾であるため、規制組織も法の執行を担う組織もスリム化されている。

シンガポールは、こうした規制や監視によって、カジノビジネスへの参入がそう簡単にできない仕組みをつくり、不透明性を排除していった。結果的にギャンブルに対しての悪いイメージも払拭できるというわけだ。

また、カジノ規制機構とシンガポール警察は、この法のもと、犯罪歴があるなどの不適切な者に、入場禁止命令を出すことができる。カジノ運営事業者は、入場者に本人確認を行い、排除者リストに載った人物がいれば直ちに機構に連絡を入れた上、排除するように義務づけられている。その際、対象者の口座は閉鎖され、カジノで得た金も没収されることになっている。

マネーロンダリングについてもこの法案で対策がとられている。匿名性のある現金によるマネーロンダリングを防ぐため、1万シンガポールドル以上の現金取引（チップと交換するための現金の支払いなどのキャッシュイン、チップを現金化する場合などのキャッシュアウト）については、カジノ運営者にはカジノ規制機構に対する報告義務が課されている。

シンガポールの総犯罪数は、2010年までは3万3000件を超えていたが、IR施設開設以降は減少をたどり、2013年には2万9668件となっている。カジノ施設の監視カメラやセキュリティ担当者による周囲の監視、警察による地域のパトロールによって、街の中で起きる犯罪まで、大幅に減ったのだ。

専門機関や病院によるギャンブル中毒者対策

ＩＲ施設の導入でもうひとつ懸念されるのは、ギャンブル中毒、つまり賭博依存症に陥る人々がどれだけ増えるか、ということだろう。

実際、カジノには依存性がある。脳の中の島皮質前部には、リスクを積極的に冒し、より大きな利益の獲得を促進する機能がある。この脳の島に興奮や恐怖を生む神経伝達物質のドーパミンが分泌され、側頭葉との往復を繰り返すことで、依存性が生まれ、やめられなくなってしまう。単なる誘惑への弱さなどではなく、酒や麻薬、タバコと同じく、医学的根拠があることがわかっている。

とはいえ、もともとシンガポールにもスロットマシンや宝くじ、スピードくじ、そして競馬などの合法ギャンブルは存在していた。だが、ＩＲ導入の本格検討が行われる以前には、大々的な調査や体系的な教育、治療は行われていなかったのだ。しかし、２００５年４月にカジノを核としたＩＲの導入を閣議決定する際、同時に自国民を守るための社会的なセーフガードの方針を発表した。それほどに恐るべきこの依存症から自国民を守るために。

また、21歳以下の未成年者が入場禁止なのはもちろんのこと、立派な大人であってもカジノへの入場回数制限や入場禁止などの措置が取られる3つのケースがある。

ひとつ目はギャンブル依存症のリスクを恐れる人が自己申告した場合。ふたつ目は、家族や第三者による申告があった場合。３つ目が自己破産者や生活保護受給者、カジノの常連で金銭問題を抱える者への法律による入場規制である。安易にギャンブルにのめり込まないようにするため、まずこれが徹底されている。

その上、カジノ運営事業者によるシンガポール人への信用取引枠の設定、クレジットカードの利用、貸付行為は禁止されており、施設内にはＡＴＭを設置することもできない。

さらに、カジノに関わる国内向けの広告や宣伝も原則禁止で、許可されるのはＩＲ施設への道順案内やカジノ以外の施設についてのみ。ただし、空港や港、ホテルなど、外国人観光客中心のエリア限定の広告は含まれない。もちろん、カジノ規制機構に表示の21日前には事前申請し、許可を取ることが義務づけられているが、そもそも外国人にはのめり込んでもらうほどに国は潤う。このあたりの〝自国民は徹底的に保護し、海外からのゲストには徹底的に遊んでもらう〟という線引き姿勢は見事である。

一方、自国民のギャンブル依存症を防ぐための啓蒙活動として、街中のATMには注意喚起のリーフレットを置くことも義務づけられている。

さらに、地域開発青少年スポーツ省の下に官民の専門家（心理学者、精神科医、カウンセラー、法律家など）で構成する評議会（National Council on Problem Gambling）を設け、公衆教育プログラムを実施。学校や企業では、ギャンブル依存症について学ぶリスク教育や研修が行われている。

２０１０年には、国家依存症管理サービス機構（ＮＡＭＳ）内にクリニックが設置され、ギャンブル依存症の事前予約なしの診療が開始された。アルコールや薬物依存だけでなく、カジノやインターネットなどの行動依存症まで治療する施設として、医師、カウンセラー、ソーシャルワーカーが連携して総合的なチーム治療を行う。年中無休、24時間体制で患者への電話相談対応も行われている。

このほかにも、国立ではチャンギ総合病院がギャンブル依存症者の治療や復帰支援を実施し、さらには民間団体によるギャンブル依存症者専門の治療・リハビリ施設や相談所も多数ある。

シンガポール政府が行ってきた問題賭博者と病的賭博者についての大々的な調査によれば、ギャンブル依存症の発症率は、カジノ合法化後にむしろ低下しているという。２０１１年には、両者の合計は２・６％だったが、２０１４年には０・７％と、１％を切る数字になっている。

ただし、シンガポール最大の新聞、ストレート・タイムス紙の２０１１年9月11日号にはこんな一文が載っていた。

「２０１０年以降、より多くのギャンブラーがギャンブル依存症のためカウンセリングセンターに助けを求めるようになっている。また、彼らの約7割は、ＩＲのカジノが依存症になった主な要因であると述べている」

と。光があれば、必ず影ができるのは否めないが、それを最小限に止める術は、学ぶことも多いだろう。

マルチランゲージの多民族国家ならではのPR戦略とは？

シンガポールのＩＲ施設運営に、政府自体はノータッチだということは先に述べたが、シンガポール政府観光局（Singapore Tourism Board、略称ＳＴＢ）によるＰＲ戦略においても、同様に分離戦略が取られている。

１９６４年にシンガポール政府によって設置されたＳＴＢは、これまでも観光振興を監督する立場にあり、国内外の観光関連企業の支援をはじめ、シンガポールの観光業へのあらゆる取り組みに対し、先駆的なプロジェクトやマーケティングによる振興を推進してきた。

しかし、ＩＲオープン後、国家としては表向きにはカジノに触れることなく、一施設として紹介し、観光名所や食などの魅力のみをＰＲしてきた。また、マリーナベイ・サンズに補助金を提供することはあっても、「カジノはカジノで勝手にやってもらう」というスタンスをずっと保ち続けている。

そう、シンガポールにとっても、国際社会においても、伝統と格式あるユーロのカジノ以外は、今もダーティーな風俗街と同等で、政府が積極的に取り組むものではない、と認識しているのである。カジノを前面に押し出すのは恥ずかしいことであり、前述したように、ＳＴＢで観光戦略を手がけるジュリアナさんも「カジノなんて、私たちはそんなところに足を踏み入れたこともない」と軽蔑したような口調で切り捨てていた。まるで、必要悪のようにも感じるが、「観光とカジノは別物」として切り離すシンガポール政府の徹底ぶりも見習うところがある。それゆえＩＲ側は官僚に口を出されることなく、独自路線で巧みなＰＲ戦略を組むことができる。大切なのは、各々の立場に即した明快な棲み分けなのだろう。

さて、ＳＴＢによる国際的な観光プロモーションにも見習うべきところは大きい。その大きなポイントは「各国の国民性に合ったアプローチ」にある。

シンガポールを訪れる観光客の消費額上位国は、インドネシア、中国、インド、オーストラリア、マレーシアだ。ＳＴＢは、この5カ国をターゲットに定めて頻繁にマーケットリサーチを行い、その国民性や価値観、ライフスタイルなどに合わせてシンガポールの魅力を伝えるイメージ戦略に出た。つまり、国ごとにまったく違う内容のプロモーションを展開しているのだ。

日本の場合には、2011年当時、国民的人気アイドルグループとして揺るぎない地位を築いていたSMAPを起用した。彼らが出演したソフトバンクのCMは、タイアップによってマリーナベイ・サンズが撮影地となっている。特に、摩天楼に浮かぶインフィニティプールが登場するシーンが全国的に話題を呼び、これを皮切りにシンガポールのマスコミ露出は増加。もちろん、マリーナベイ・サンズを目指す日本からの観光客も急増していき、マリーナベイ・サンズのホテル宿泊者は、いまも4人にひとりが日本人だという。

また、経済が上向きになっているインドに向けては、観光地を巡る旧来のツアーではなく、ホリデーを楽しみたい富裕層をターゲットとした。シンガポールの豊かさ、都会的で洗練された都市におけるライフスタイルのイメージを確立する戦略だ。新しい体験やスキルを得る旅を好む傾向にあるインド人の国民性に着目し、家族やパートナーとともに都市型の楽しい体験や学びを通じて絆を深めるというプロモーションを実施したのだ。

最大のマーケットとなるインドネシアや、隣国のマレーシアに向けては、リピーターが多いことを想定し、シンガポールならではのイベントや展示会、注目のレストランなどのトピックをタイムリーに発信。

　事実、シンガポール・ファッションウィークは、隣国からのゲストで大いに賑わいを見せている。フィナーレには世界のファッションアイコン、ヴィクトリア・ベッカムを迎え、彼女のビジュアルが街のあちこちに飾られ、巷の話題をさらっていた。近隣の国にとっては、「気軽に訪問できるトレンドスポットの国」という存在感がうまく定着している。ちなみに、夫のディヴィッド・ベッカムは、マリーナベイ・サンズのメインキャラクターだ。

　オーストラリアにおいては、シンガポールは飛行機の乗り継ぎ時に滞在する「ストップオーバー」のイメージが強くあった。そこで、冒険心ある国民性をくすぐる手法をとり、彼らにとって未知のローカルライフに触れる旅をＰＲしている。旧正月などのオリエンタルなイベントや個性的なショップが並ぶハジ・レーン、ローカルフードなどをクローズアップした。

　一方、オンライン予約による個人ツアー申し込みが増えつつある中国に向けても、「NEW DISCOVERIES」をテーマに、古き良きチャイナタウン・ツアーや、爆買いのための買い物ツアーなどを提案している。

さらに、これらのキャンペーンムービーを各国の言語で撮影し、ＹｏｕＴｕｂｅで動画配信している。シンガポールでプロポーズする恋人たちなど、ドラマ仕立てのものもあるが、残念なことに驚くほどひと昔前の内容だ。戦略は素晴らしくてもクリエイティブな制作能力がまだまだだという点も、この国のひとつの特徴といえるだろう。

そうした短所を知ってか知らずか、海外の映画製作関係者や放送関係者が作品や番組の撮影・制作などをシンガポールで行うことを推進する制度も用意している。シンガポール国内での撮影時に発生した宿泊費や対象経費の最大50％を援助するという、なんとも太っ腹な制度だ。もちろん、その審査基準は、どれだけシンガポールの良さを独自の切り口で紹介してくれるのか、ではあるが。

シンガポールがなぜこれほどに細かなプロモーションを行えたのか。それは、多民族国家であり、初代首相のリー・クアンユー氏自らも4～5カ国語を操っていたほどのマルチランゲージの国であるからに他ならないだろう。中国、マレーシア、インドの文化が共存するこの社会には、それぞれの生活様式や文化の違いを理解できる素地があるのだ。

またSTBは、この他にも観光事業の企画・運営に取り組み、インディペンデントデザイナーを集めたポップアップショップをオーチャードロードに出店するなど、様々な取り組みを実施している。そのゴールは、スペイン・バルセロナ観光セクターの2階建て観光バスの成功のように独立した事業としての成功だ。観光はビッグビジネスゆえ、現在世界中の観光局は、税金に頼らない事業化を目指している。だが、日本の観光関連の公的セクションの場合はMICE誘致や情報発信、調査・分析を行うことばかりが目立つ。自ら金を生み出す事業をせず税金を使う一方では、正直、事業としての継続も、独自の観光メソッドを確立するのも難しい。なにしろ、人の金だからだ。今後は、観光局や類するセクターそのものが持続可能なモデルとなることが、極めて重要だと言えるだろう。ちなみに、シンガポールの官僚は固定給＋変動給で、後者は担当するセクターの業績とGDP成長率と連動するようになっている。

何もないこの国では、武器になるものは戦略のみ。国家発展のための最大の資源はそれを担う優秀な人材なのは間違いない。そのために、学力重視の「エリート教育」を徹底的に行う教育システムがある。初等教育の小学校4年生の段階から学力試験のふるいをかけ、中等教育の中学校ではGCE（Singapore Cambridge General Certificate of Examination）という国家試験によって、能力に応じたコースに進級させている。超エリートを育成する教育を行い、英語と母国語の2言語教育によるバイリンガル育成も並行させている。大学進学率は28％にとどまり、世界の先進国と比較しても高いとはいえない数字だが、この教育システムによって世界の企業から国際的に優秀な人材の宝庫として注目を集めている。

この教育方針を見てもわかるが、シンガポールの観光戦略の成功は、国家ぐるみで徹底して棲み分けるスタンスがあってのものといえるだろう。

コンパクトシティの都市計画と、世界の玄関口となる空港設備

世界各国の経済発展は、近年、「国」よりも「都市」間の競争といわれて久しい。

都市計画においても観光戦略を強く意識していたシンガポールは、１９６５年の建国直後から長期的な計画を立て、街づくりに着手していた。

限られた国土を最大限に活用し、自国の産業発展とそれを支える都市基盤整備を目標に掲げ、土地利用・都市づくりの総合計画としてコンセプトプランを策定。公共交通網を発達させながら住宅整備を進めるコンパクトな都市づくり、いわゆる「コンパクトシティ構想」を計画的に進めている。

シンガポールには現在、都心と郊外を結ぶＭＲＴ（Mass Rapid Transit）と、郊外住宅地内を巡回するＬＲＴ（Light Rail Transit）という2種類の鉄道が走っている。また、路線数３００を数えるバス交通は島内を縦横に走り、１日３００万人を超える利用があるという。これらはいずれも安価で利用でき、市民の生活の足として定着している。

さらにシンガポールは、渋滞緩和を目的に自動車保有台数を管理するため、「車両購入権（ＣＯＥ）」を別途購入しなければならない制度なども導入。ほかにも輸入税や登録料等が車両価格の１００％以上かかるため、所有コストは異常なまでに高額となる。政府はこのＣＯＥの発行枚数を管理している上に、高速道路から一般道路まで、関所のように課金される自動料金所（ＥＲＰ）を置くことで自家用車による渋滞を抑えている。２０１２年の時点での自家用車保有台数は、国家全体で約53万台。東京都23区は２０００万台なのだから、抑止の効果は歴然だ。だが、このあたりは、自国に多くの自動車産業を抱える日本では、表に裏に圧力があって達成できることはないだろう。

一方、観光客の足として、タクシーを大量に稼働させる施策も取られ、２０１２年の時点で２万８２１０台のタクシーが運行。もちろん、チャンギ空港に接続している高速道路であるイーストコースト・パークウェイ（ＥＣＰ）も空港完成に合わせて建設されたものだ。都市部まで車で20分程度と非常に近く、タクシー料金そのものも、日本と比べて格段に安く設定されている。その上、Ｕｂｅｒをはじめとするライドシェアは、今や全タクシーの台数をはるかに超えるまでに成長しているのも特徴だ。

また、国際空港からの動線については、地下鉄のＭＲＴを使う方法もある。マリーナベイ・サンズがオープンした翌年、２０１２年にはＭＲＴベイフロント駅がオープンし、駅出口からカジノまでわずか1分というアクセスのよさを実現した。ＩＲ施設にふらりと立ち寄れる、この利便性には驚く。

さて、観光客流入の玄関口となるチャンギ国際空港だが、現在、100社以上の航空会社の飛行機が運行し、世界60カ国280都市とつなぐ世界有数のハブ空港として機能している。2015年実績では、旅客数5540万人、発着回数34万6330回と、過去最高を記録した。

英国のスカイトラックス社が発表する、空港利用者の満足度に基づく"The World Airport Award"では、2010年以降、シンガポールのチャンギ空港は上位に食い込み、2013年から2016年の間、4年連続で1位に選ばれている。それもそのはず、この空港には100以上のショップ、中国料理やシンガポール発の回転寿司店などもあるレストラン街、無料Wi-Fiを利用できるスポット、子供のためのプレイエリア、無料の映画館、緑を楽しむ庭園、ビジネスセンター、プール、礼拝堂などがある一大レジャー施設なのだ。おまけに、ほとんどの施設は24時間稼働。乗り継ぎ時間が5時間以上ある利用客を対象に無料の市内観光ツアーも提供しているというサービスの充実ぶりだ。僕も頻繁に利用するが、この空港ならば、長時間のトランジットでも気にならない。

ハブ空港として乗り換え時にストップオーバーさせるための戦略も常に考えられている。平均滞在日数3日とされるシンガポールだが、2日もあればほとんどの観光スポットを回れるだろう。だからこそ、少しでも長く滞在してもらうための策を次々と立案している。STBは、2014年にはシンガポール航空とタッグを組んで、オーストラリア、中国、ドイツ、インド、日本、英国とアメリカの7カ国に向けた旅客誘致強化を行い、「シンガポール・ストップオーバー・ホリデー」と言うパッケージツアーまで開発している。

チャンギ国際空港の3つのターミナルの発着能力は高い。2017年にはターミナル4をオープンすることが決まっているが、さらに世界最大規模となる第5ターミナルビルと3本目の滑走路の設置計画が発表された。シンガポール政府は、チャンギ空港の旅客対応能力を2020年代半ばまでに年間1億人以上へと倍増させる拡張計画を進めている。

ガーデンシティ政策による「安心」「快適」「清潔」な街づくり

シンガポールの街を歩くと、なぜこれほどまでに緑が多いのかと驚く人は少なくないだろう。コンパクトシティの都市計画の内容は、各種交通の整備だけではなかった。「安心」「快適」「清潔」な国家のイメージをつくるための、「ガーデンシティ政策」を打ち立て、綿密な計画に沿って緑化が進められたのだ。シンガポール植物園やフォート・カニング・パークといった公園施設の整備、自然保護区の管理などを進め、植物に関する徹底した管理・研究も行われた。高速道路には幅4・5メートルの緑地帯を、また、人口1000人当たり0・8ヘクタールの公園を確保することも義務づけられている。

現在、シンガポールには約2500種類の植物が生育しているが、高温多湿のシンガポールでは在来種の植物は種類も数も少なかったため、そのうち実に60%以上が外来産である。近隣諸国やカリブ諸島などの地域から合計約8000種類もの植物を持ち込み、この国の気候や土壌に適するかどうか、実験に実験を重ねたという。また、植物だけでなく雨季の激しいスコールに耐えられる土壌の開発、さらに、治水対策として排水システムの研究も行われたほどの徹底ぶりだ。

また、観光資源として文化遺産保護が注目された1980年代以降は、チャイナタウン、リトル・インディア、カンポン・グラムなどの地域が史跡地区に指定されたほか、5500件以上の建築物や記念物が保護対象となった。コンパクトシティを目指すと同時に、国家としての文化アイデンティティの保存保護にも重きを置き、個性・独自性を重視した都市計画が進められたのだ。

1991年の改定コンセプトプランでは、シンガポールを5つの地域に分割し、現状の都心部のほかに、80万人規模の4つの地域センターを開発。地域の生活を活性化させつつ、中心地域に人口が集中するなどの混雑や過度な開発を防ぐ工夫をしている。

2001年には、産業・ビジネスにおける用途別地域のゾーニングの設定を新しく変更し、化学・工学・医学などの付加価値の高い産業に用地を割けるようにした。

緑化政策が始まって50年以上が経った現在、芝生も含めて国土の56%が緑で覆われるまでになっている。シンガポールの街には木陰が増え、人々が集う美しい公園がいくつもある。まさに庭園のように美しいガーデンシティが完成したというわけだ。

しかし、シンガポールという小国は、世界が認める美しい都市となったのちも、一切油断することはなかった。２００１年にはさらに「シティ・イン・ア・ガーデン」なる構想を打ち立てたのだ。

これは、都市における緑化を進めた〝ガーデンシティ〟をさらに発展させ、都市全体がまるで庭園の中にあるようなイメージにする計画である。

都市周縁部の広域の緑地をネットワークさせ、島全体で都市と自然との共生を図るこの計画の代表格は、ガーデンズ・バイ・ザ・ベイやマリーナベイ・サンズなどのリゾートエリアだ。広大な庭園と巨大な建築物からなるこのエリアでは、水と緑の中に都会的な建築物が浮かび上がるようなイメージで、シンガポールという都市の魅力をまた新たなものに変えた。

同時に、住宅エリアにおいても河川改修による護岸の緑化を行い、水辺の公園へとつくり替えるなど、全土的な公園ネットワークの充実・強化が図られている。事実、省庁間の力関係を見ると、驚くべきことに通商産業や財務を担当する省庁より、緑化や環境を担う省庁のほうが圧倒的に力を持っている。

ほぼ一党制のシンガポールは、〝明るい北朝鮮〟と揶揄されることも多いが、意思決定がとにかく速く、数々の施策を素早く取り入れ続けることができる。

かつて、ニューヨークのブルームバーグ市長は、「危険、混雑、滞留したくない場所」という街のイメージを一新するため、タイムズスクエアの道路を閉鎖してセントラルプラザをつくった。道路清掃やゴミの撤去、ディズニーのキャラクターが闊歩し、観光客を惹きつけるためのイベントも行って、市民と観光客が集う場所を生み出すことに成功した。


シンガポールもまた、これをサンプリングするかのごとく似たような施策を行っている。国内随一のショッピングエリアであるオーチャードロードを毎月第1土曜日に封鎖して歩行者天国にする施策を期間限定で繰り返している。これは僕の予測にすぎないが、ニューヨークのタイムズスクエアの成功を見る限り、シンガポールのオーチャードロードも、いずれは全面歩行者専用道路にするのではないだろうか。

これは、東京で言えば、表参道や、新宿駅東口から新宿三丁目交差点までを、24時間365日歩行者に解放することと同義である。都市計画のみならず、打てる手があればどんどん実行に移し、新陳代謝を繰り返しながら、驚くべき速度でバージョンアップし続けているのが、シンガポールの都市マネージメントだ。

シンガポールの美観は〝罰金〟がつくる

多くの観光客は、ゴミひとつ落ちていない美しい街に驚くものだが、アメリカのSF作家ウィリアム・ギブスンに「死刑のあるディズニーランド」とまで言わしめたこの国では、街の美観を守るため、厳しいルールを課している。

まず、空港で気をつけねばならないのは、未申告でのタバコの持ち込みで、最高5000シンガポールドル（2016年10月現在で約37万5000円）の罰金がかかる。

加えて、ここで誰もが注意しなくてはいけないことがある。うっかりポケットにチューインガムを入れていようものなら、それだけでアウト。持ち込むだけで最高1万シンガポールドルもの罰金を取られてしまうことになる。ガムを貼りつけるいたずらが横行したことがきっかけで決められた罰則だが、しかし厳しい。

無事入国したのちも、シンガポールの快適な移動手段、ＭＲＴに乗る際には油断してはいけない。構内での喫煙に１０００シンガポールドルの罰金がかかるのはまだ理解できるが、熱帯気候のこの国の暑さにやられ、ペットボトルの水など飲めば、「飲食は５００シンガポールドルの罰金」ということになる。ちなみに、動物や可燃液体の持ち込み、そして、あの南国フルーツの王様・ドリアンの持ち込みにも５００シンガポールドルの罰金が科せられる。

徒歩で移動する際にも、歩道橋や横断歩道から50メートル以内の場所で道路を横断すれば50シンガポールドルの罰金だ。赤信号でも自己リスクで道路を横断する人の感覚からすれば、まさかのルールだろう。

さらに、喫煙場所以外で喫煙をしても、道端でツバや痰を吐いた場合にも最高１０００シンガポールドルの罰金。公衆トイレで利用後に水を流さない場合も同様の罰金が科される。

もちろん、美観に厳しいこの国では、公園内でのゴミのポイ捨ても当然のごとく罰金だ。初犯は最高１０００シンガポールドル、再犯は最高２０００シンガポールドルに加え、清掃作業への参加義務がつく。飴の包み紙ひとつでも適用され、缶やボトルを捨てたら、裁判所に呼ばれることもある。

さらに、公共物の汚染や文化芸術品の破壊なども厳罰の対象で、壁に落書きなどしようものなら、むち打ちの刑だ。観光客であろうと容赦はしない。

そして、驚くべきことに「鳥へのエサやり」も同じく最高1000シンガポールドルの罰金だという。公園によっては、入り口に「FINE（罰金）」と書かれた立て看板を配置しているところもあり、「サイクリング禁止」「魚釣り禁止」「ペット持ち込み禁止」「スケート類禁止」「鳥や野生生物の捕獲禁止」など、違反はすべて500シンガポールドルの罰金を取ることが示唆されている。

シンガポール国民に対する規制も明文化され、公園内での木登り、植物の採取、昆虫類の捕獲などは禁止行為であり、違反した場合には、公園内から強制的に退去させられたり、2000シンガポールドル以下の罰金に処せられる。これについては、旅行者も例外ではない。

また、「自分の土地に樹木や植物を持っている国民」に向けた規制もある。木の幹の太さが地面から50センチの位置で1メートル以上なら、許可なく切ることは許されない。それが個人の所有しているものであっても、だ。

長く伸びすぎた植物の手入れや芝の刈り入れについても、所有者が適切に行うことが義務づけられ、こうしたルールに違反すれば、1万シンガポールドル以下の罰金が容赦なくとりたてられる。政府が強制伐採をした場合は、それに伴う経費の徴収もされる。

開発事業者についても、道路沿いには2メートル程度の緑地帯を設けることや、コンクリートの壁面にはつる植物を這わせることなどで緑化を図ること、ごみ収集所などの周囲には背の高い生垣を設けることなど、細かな規定がされている。だが、これらの厳しいルールが、美しいガーデンシティをつくっているのも事実だ。

2015年4月1日以降の新ルールとしては、「路上等での22時30分以降の飲酒、酒類の持ち帰り販売は禁止」が決定されている。そして、22時30分〜翌朝7時までは、公共の場での飲酒が禁止となった。政府の許可を得たバー、レストラン、カフェ、ホーカー(屋台や安い飲食店を集めた屋外複合施設)、イベント会場などでは、規定の営業時間内であれば深夜でも飲酒は可能だ。

しかし、酒類を持ち帰って公園などで飲もうものなら、最高1000シンガポールドルの罰金、再犯の場合は2000シンガポールドルの罰金、もしくは最高3カ月の禁錮刑を食らうことになる。

これらの厳しい罰則が生まれた背景には、多民族国家だからこその文化や風習、宗教の違いがある。大きく分類すると、中華系、マレー系、インド系、ユーラシアン（主にアジア系とヨーロッパ系のミックス）の4グループから成るが、外国人長期居住者も多く、日本人、韓国人、インドネシア人、タイ人、ヨーロッパ系、アメリカ人、オーストラリア人など、様々な民族や国籍の人々が集まり、外国人比率は4割近くにもなる。

宗教も仏教、道教、キリスト教の各派、イスラム教、ヒンドゥー教、シーク教など様々であり、罰金に次ぐ罰金は、それぞれの民族のアイデンティティを守りながらも、ひとつの国家として共存していくための方策なのだ。シンガポールは、中華系の人々の国から脱皮を図り、真の意味での多民族国家を形成している。

これも私見だが、この国では中華系の首相が歴代続いてきたが、それもそろそろインド系に替わるのではないか、と僕は考えている。

シンガポールの「島国ならではの強さ」を見習うべし

常に他国の戦略を上手に取り込み続け、素早く新陳代謝しながら変貌を遂げていくシンガポールでは、イベント開催においても見事な手法を展開している。２００８年にはアジア５番目のＦ１開催国となり、ユーロ圏で放送される時間帯を想定して、Ｆ１史上初のナイトレースを強行した。

２０１３年にはＧＰ３日間の総入場者は26万２５２７人に上り、一般販売のチケット８万７５０９枚以上を達成。そのうち40％は外国人が購入している。海外からの入場者の上位10カ国はオーストラリア、インド、インドネシア、日本、ドイツ、マレーシア、フィリピン、イギリス、アメリカ、台湾となっており、国際的ビッグイベントとして多くの観光客を誘引することに成功した。

２０１４年には、東京ドームが８個も入る37ヘクタールの広大な敷地に、アジア最大となる本格的なスポーツ複合施設「シンガポール・ハブ」をオープンした。観客席数５万５０００席のナショナルスタジアムをはじめ、ライブもできるインドアスタジアム、バドミントンやフェンシングなどの室内スポーツを行うスポーツアリーナ、さらには競泳やシンクロナイズドスイミングなどのためのプール施設・アクアスティックセンターや、カヌー、カヤックなどを行うウォータースポーツセンターなども併設している。

これらもまた、シンガポール政府による次なる都市再開発プロジェクトのひとつだ。国民がより健康的な生活を送れるよう定めた「スポーツ・シンガポール・ビジョン2030」において、中心的な施設として位置づけられており、なにより20年後の国家像を政府が国民に提案し、意識を共有しながら街づくりが行われていると感じる。

2015年にはこの施設を活用して、東南アジア各国が参加する一大スポーツの祭典「東南アジア競技大会 SEA Games」も開催された。競泳、シンクロナイズドスイミングなどの水上競技の他、バスケットボール、サッカー、柔道、テニスなど多岐にわたる36競技、全402種目を実施した大規模な大会となった。

素早い決断のもと、次々に変貌を遂げていくこの国の根底に流れているものは、やはり「島国」ならではのものだと僕は考えている。そこには、危機感とともに、大陸に併合されずにここまできた国家独自の強さがある。

同じく島国である日本においては、ＩＲ戦略だけでなく、20年後の国家像を誰もイメージできていない。移民政策についても賛否両論が繰り広げられ、遅々として進んではいない。成功した移民国家と呼ばれるシンガポールの首相リー・シェンロンは２００９年２月15日に放送された『ＮＨＫスペシャル〜沸騰都市』において、非情なまでに徹底した姿勢で危機感を表明した。外国人特派員との会合で、包み隠さず、きっぱりと言い切った内容がこれだ。

「ハッキリ言って、外国人は雇用のバッファー（調整弁）にしかすぎません。シンガポール人に選ばれた私が、シンガポール人の利益を後回しにしてまで外国人労働者の利益を保障したり、促進したりすることは断じてありません。この国で外国人が働けるのは、あくまで国家からの恩恵であって、彼ら外国人の権利などでは決してないのです」

シンガポールでも好況時には、外国人労働者の労働コストの安さが重宝されたが、

IR施設設立直前の経済危機の中、国家と自国民を守るための徹底した姿勢を見せたのだ。

また、シンガポールは国土自体が狭いがゆえに、都市計画を進める中で結果的にゾーニングが進んだ。しかし、世界中がコンパクト化され、情報化社会も進んでいる今の時代、かつて大国アメリカが見せた「大きいことはいいことだ」という考えは20世紀的発想だ。むしろ、小さな国こそ素早く変化していくことができる。徹底したサンプリング戦略をスピーディに展開し、国家ぐるみでコントロールする。今、世界でアメリカのダイナミックな変化や競争力と対等に戦えるのは、小国ならではのシンガポールなのかもしれない。

なによりシンガポールは、一般の人々にも危機意識が浸透しており、国家だけでなく、企業においても日本の10倍以上の速さで決定と実行を繰り返していると実感する。僕は、みるみる変わっていくこの国を、年に何度も訪問しているが、比べて日本はどうか。数年経っても、そこまで代わり映えしないように見える。同じ島国のメリットを持っていても、危機意識がなければ、日本はいつまでも後手後手に回り続け、世界から遅れを取ったままになるだろう。

第2章

マニラ急成長の秘密と、マカオ衰退の理由

汚職と内紛の国から
エンターテインメント・シティへ

フィリピンでは、カジノをはじめとするすべてのギャンブル産業は、大きな「国家の歳入源」だ。

1970年頃まではアメリカ人による非合法カジノのみ存在したが、当時のマルコス大統領の決断で、国の管理のもとカジノの収益を国が取得することを前提に一掃。そして国営会社「フィリピン娯楽賭博公社」（PAGCOR社 Philippine Amusement and Gaming Corporation）を設立し、独占産業とした。

PAGCOR社は規制者であり、運営者でもあり、その運営を第三者に委託したり、ライセンスを与える判断もできるという、他国とはまったく異なる制度と仕組みになっている。極めて甘い監視体制である。つまりは、政府のやりたい放題で、汚職や腐敗の温床でもあっただろう。

もともとフィリピンは、マニラ市内や郊外、ビーチリゾートのある島などにいくつもの公営カジノが点在するほどのカジノ天国だった。

しかし、その客層はシンガポールのＩＲ施設とは真逆で、顧客は自国民が中心。レートも低く、日本で言えばパチンコのような庶民のための娯楽だったのである。そのため、外国人観光客や富裕層ＶＩＰが集まる施設とはとても言えず、さして注目されることもなかった。２０１１年に第1号のＩＲ施設ができるまでは。

フィリピン政府が観光事業を強力に推進するようになったのは、前々政権のアロヨ大統領時代のことだ。マルコス政権の終盤、１９８０年代以降は、汚職政治による腐敗が蔓延し、クーデターや内戦による政情不安定が続く中、貧困や失業にあえいだこの国は、経済成長の面でも周辺のアジア諸国に大きく水をあけられてきた。外国資本には敬遠され、産業やインフラ基盤の発展も遅れていたのが実態だ。

そんな中、成長戦略のひとつとして、観光開発とその基盤整備を行う国家的プロジェクト「エンターテインメント・シティ・マニラ」が打ち出された。

その中心となったのは、「マニラ湾カジノリゾート・プロジェクト」だ。マニラ国際空港からも近い、マニラ湾沿岸パラニャーケの埋め立て地、約8平方キロメートルのエリアに、カジノや高級ホテル、ショッピングセンター、会議場などを建設し、

〝ラスベガス級〟のカジノ複合リゾート施設をつくる巨大な再開発構想である。

２００８年にＰＡＧＣＯＲ社は公募条件を開示し、最低10億ドル以上の投資をすることを参加の条件とした結果、７社が入札に応じ、うち４社の参入が決まった。

１社は、フィリピン最大の港湾企業の総帥エンリケ・ラソン氏傘下のブルームベリー・リゾーツ。さらに、フィリピン最大の小売業グループ、ＳＭのトップであるヘンリー・シー氏傘下のベルコープ・グループとマカオの有名カジノ「シティ・オブ・ドリームズ」の開発・運営企業ＭＩＣＥなどによる合弁企業。パチンコのアルゼでおなじみの日本のユニバーサルエンターテインメント社。そして、フィリピンのＡＧＩグループとマレーシアの大手娯楽企業ゲンティン・グループによる共同開発だ。４社によるＩＲの合計投資額は、物価の安いフィリピンでも、５０００億円レベルと見込まれている。

ここからマニラの開発ラッシュがスタートする。現在、総売上高世界一のマカオに迫る勢いでＩＲの開発が最も活発化している国は、フィリピンなのだ。２０１１年にオープンした「リゾート・ワールド・マニラ」を皮切りに、2013年には「ソレア・リゾート・アンド・カジノ」、2014年には「シティ・オブ・ドリームズ・マニラ」、2015年には「マニラベイリゾーツ・カジノホテル」がオープン。そして、2016年末には「タイガー・リゾーツ」、2018年には「リゾーツ・ワールド・ベイショア」が開業する予定だ。

また、2016年6月に新政権をスタートさせたフィリピンのロドリゴ・ドゥテルテ大統領は、世界有数の犯罪都市からの脱却を図るため、公約に掲げた「治安改善」に乗り出している。

麻薬の密売人を殺害した人には多額の報奨金を支払うと約束しただけでなく、政権スタートから1カ月の間に、フィリピン国家警察が400人を超える違法薬物密売の容疑者を現場で射殺するなど、日本では考えられないほどの強権姿勢ぶりで、諸外国からは、やりすぎであるとの批判も多い。

しかし、これに恐れをなした薬物依存症者や密売人ら約57万人が当局に出頭するなど、一定の効果を上げている。一方で人権団体からの抗議活動が始まっているため、その行方がどうなるのかはわからない。

また、２０１６年10月には国内の公共の場所での喫煙を禁じる大統領令に署名する予定だ。今後フィリピンにおいて、これまでにない治安改善への積極的取り組みがなされることは予想に難くない。これからマニラは、かつてのニューヨークのような変貌を遂げるのかもしれない。

いずれにしても、フィリピンは一大ＩＲ大国となりつつあり、どこよりも治安がよい世界に名だたるエンターテインメント・シティになることに本気で取り組んでいるのは間違いない。

「ラスベガス超え」を果たしたマカオ

フィリピンがここまで急成長した背景には、マカオの衰退が大きく影響したことは否めない。ここで、マカオのカジノがどんな歩みをしてきたのか紹介しよう。

16世紀からポルトガルが駐留し、やがて支配してきたマカオは、１９９９年に中国に返還されたが、香港（中華人民共和国香港特別行政区）と同じく、一応高度な自治が認められることになり、中国本土の共産主義とは異なる資本主義経済システムが続けられてきた。しかし、その経済成長は非常に緩やかであり、1997年に起きたアジア通貨危機のタイミングではマイナス成長に陥ったこともあった。

停滞を一変するきっかけとなったのが、2002年のカジノ経営権の国際入札実施だ。マカオでは1800年代からすでにギャンブルが公認されていた。1930年には豪興公司がマカオの歴史上初めてのゲーミング独占営業権を獲得し、1961年にその独占権が満期を迎えるにあたり、新ライセンスの公開入札を実施。以降は、現在の澳門博彩控股有限公司（SJM）の前身となる澳門旅遊娯楽有限公司（STDM）がカジノの独占経営権を有し、そのトップであるスタンレー・ホーの王国同然だった。

中国に返還された際、本土では宝くじ以外のギャンブルは法律で禁止されているにもかかわらず、特別行政区としてそのままカジノは合法化される。この背景には、マカオには産業らしい産業といえば、ゲーミング業、つまり「カジノ産業」しかないという現実があった。

そこで、返還を機に「ギャンブルの街」から「リゾート都市」への脱却を図る改革を行うことになったのだ。ＳＴＤＭの独占権が切れるタイミング、２００１年12月31日を機に、マカオはカジノ市場を広く開放するべく、外国資本も含めた３社へのライセンス発給を決めた。

公開入札の結果、ＳＴＤＭが新たに組織したＳＪＭと、香港系のギャラクシー・カジノ社、アメリカのウィン・リゾーツ社が経営権を獲得するが、特にこのアメリカ資本がカジノ市場に参入したことが、マカオ経済の大きな転機となる。ウィン・リゾーツ社。ご存知の通り、ラスベガスでカジノを一大エンターテインメントにまで押し上げた、あのスティーブ・ウィンのカジノ運営会社だ。

一方、ラスベガスのもうひとりの雄、シェルドン・アデルソン率いるラスベガス・サンズは、ギャラクシー社のサブライセンスを得る形でマカオへの参入を果たすことになる。家族も楽しめる開発をお手の物とするウィン・リゾーツ、そして、のちにシンガポールを一大観光大国に変えるラスベガス・サンズの手により、「ギャンブルとマフィアの暗黒街」というマカオの薄暗いイメージは一変する。そして、これ以降は外国資本の流入がどんどん進んでいくことになる。

２００４年5月、外国資本参入の第1号となる「サンズ・マカオ」がオープンし、

２００６年9月には「ウィン・マカオ」もカジノ営業を開始する。続く２００７年８月には、サンズによるふたつ目の施設「ベネツィアン」がオープン。さらにこの年の12月には、ＳＪＭからのサブライセンス形式によって参入したラスベガス最大のカジノ運営会社、ＭＧＭが「ＭＧＭグランド・マカオ」をオープンさせるなど、続々と新しい施設が誕生した。

２０１２年には35カ所ものカジノが運営されるようになり、同年のカジノ産業全体の売り上げは約３７５億ドルに達する。２００６年の時点ですでにラスベガス超えを果たしていたマカオだが、２０１２年の時点ではラスベガスの約4倍の規模にまで成長している。

当然のごとく観光客も激増することになり、１９９０年の時点では約７５０万人だった域外からの旅行者数は、サンズ・マカオのオープンした翌年、２００５年には約１８００万人となり、２０１２年には２８００万人へと倍々ゲームのごとく伸びていったのだ。

しかし、マカオを訪れる外国人旅行者には、実は大きな偏りがあった。それは、中国本土からの旅行者がその多くを占めているということだ。マカオ観光局が公表している数字によれば、2014年のデータでは、日帰りを含めて約3000万人がマカオを訪問しているが、うち67・4%は中国本土からやってきた人々だ。また、香港からの旅行者も20・4%と比率が高く、合計すると全体の9割近くが中国本土と香港からの旅行者ということになる。

3000万人のうち、2700万人は中国・香港からやってくる。この異常な数字には、もちろん理由がある。2000年以降、中国がすさまじい経済発展を遂げる中、膨れ上がっていく「チャイナ・マネー」が流れ込んだ場所は一体どこか。

そう、マカオのカジノだ。そしてこれこそが、外国資本への市場開放からわずか4年でマカオが世界トップのカジノ大国となった背景であり、やがて陰りを見せる原因ともなるのである。

マネーロンダリングの仲介人、「ジャンケット」

中国人がマカオに行く目的は、ギャンブルや観光のためだけではない。マカオのカジノの特殊なシステムを利用し、財産を隠しに行く人が後を絶たない。中国では、国外への人民元持ち出しが厳しく規制されている。マカオはこれを逃れるためのマネーロンダリング天国と化しているのが実情だった。

汚職大国と長年言われ続けた中国では、あらゆる階層において汚職と公金着服がはびこってきた。賄賂を受け取ることは違法行為と認識されてはいるものの、現実は政府幹部であろうと現場の担当官であろうとお構いなしだ。

外資企業の工場誘致から、街中の飲食店の開店に至るまで、事業規模の大小に関係なくあらゆる業種で賄賂の要求が蔓延している現実がある。

笑える話がある。中国では中秋節に月餅を食べる習慣があるが、取引先への賄賂として月餅のギフトに現金や金券を忍ばせる行為が横行した。これを見かねた中国政府が2012年に「〝月餅〟と明記された箱に月餅以外のものを入れることを禁止する」という規制を打ち出したというほどなのだ。

2016年3月、中国共産党系の『環球時報』(電子版)では、「2015年に中央・地方政府の官僚約30万人を汚職や収賄など『重大な党規律違反の疑い』で処分した」と報じられた。また、「パナマ文書」の流出事件では、要人の不正蓄財疑惑が暴露された形となったが、２０１３年より国家主席となった習近平の親族をはじめ、最高幹部らの名が上がったことは記憶に新しい。

中国国内で賄賂を受け取ったり、公金を着服した官僚たちは、マカオに出かけて様々な手法のマネーロンダリングを行う。街のショップで高額な商品を購入し、それを店主に買い戻してもらう形で香港ドルを手にする方法もある。もちろん高額な手数料を差っ引かれて。しかし、人民元の持ち出し規制がある以上、大量の現金を持っての越境など到底できない話だろう。

そこで登場するのが、マカオのカジノだ。中国国内でも、広東省には「地下銭庄」と呼ばれる非合法の地下銀行がたくさんある。犯罪組織が運営するこの闇組織は、表向きには両替商や資産管理会社、貿易会社、宝飾店、旅行会社などを装い、高利貸しや送金などを行っている。ここを通して巨額の人民元を送金すれば、香港に運ばれ、地下銀行のブローカーを介してマカオのカジノの胴元に送金されるというわけだ。

マカオ観光に行くふりをして越境し、送金先のカジノで遊んだことにして資金を受け取るだけでいい。胴元にそれなりの手数料を支払えば、汚れた人民元を「カジノで勝った香港ドル」に変身させることができるのだから。

そうして洗ったカネは、秘匿性の高い香港の銀行に入金してもいい。マカオも香港も、中国本土とは違う特別区であり、その金を外国に持ち出そうと、とがめられはしない。こうして彼らは、カジノでマネーロンダリングし、それを海外の不動産に投資して着々と私服を肥やす。

「地下銀行のトライアングル」。マカオと香港、そして対岸の中国・広東省を結ぶ三角地帯がそう呼ばれる所以だ。

さて、マカオのカジノを通じてマネーロンダリングする場合には、なくてはならない存在がいる。それがP36でも触れた「ジャンケット」という仲介人だ。

〝もてなす〟という意を表すが、彼らが担う役割はまさにそのまま。カジノにおけるVIP上客、いわゆるハイローラー専門のマネージャーであり、かつ、コンシェルジュやエージェントのような機能を果たす。大富豪に独自のコネクションを持つ彼らは、VIP上客をカジノ施設に紹介し、ゲームで使った負け金総額の固定パーセンテージをコミッションとして得ている。

しかし、ジャンケットの役割はそれだけでなく、ハイローラーに向けたホテルやレストランの予約手配をはじめ、空港からの高級リムジンでの送迎、観光ガイド、マカオ滞在中のさまざまな手配まで手がける。巨額のカネを落とす上客の場合には、身の回りの世話すべてを執事のごとく引き受け、香港までヘリコプターで迎えに行くこともある。時には非合法な行為も含まれるという。

ジャンケットは、そもそもラスベガスで生まれたビジネスだが、本家の米国ではゲームのリスクは取らず、かつ、顧客にカネを融通する与信行為はしないことが慣行になっている。あくまでハイローラーを誘致する代理人だ。

しかし、マカオでは少々勝手が違う。かつてのＳＴＤＭ社独占経営時代に誕生したこのビジネスモデルでは、第三者であるジャンケットがカジノの胴元の役割を果たすこともあるのだ。

マカオのカジノ内には、カジノ側が提供するＶＩＰルームだけでなく、ジャンケットがスペースを借り受けて運営する専用ＶＩＰルームが設けられている。ここで上げた収益は、カジノ運営会社と分け合う形だ。ＶＩＰルームやディーラーは運営会社が提供するが、両替所となるキャッシャーを用意するのはジャンケットだ。施設賃料も含め、すべての運営費用はジャンケットが負担している。

また、ＶＩＰルームで遊ぶ際には、それぞれの部屋専用のチップを使うが、ジャンケットが運営会社から買い取り、それをハイローラーに融通するシステムになっている。勝ち分は通常のチップで支払われ、再び専用のチップを購入して遊ぶ、という、寸法だ。

なぜこんな方式が取られているのかといえば、度を越えたハイローラーを「おもてなし」し、各々のＶＩＰルームに留める効果があるとともに、賭け金総額や損失額を正確に把握することができ、収益の分け前を算出できるからだ。

こうしたシステムのもと、彼らはカジノ運営会社に高額の保証金を積むだけでなく、毎月一定額の専用チップを購入し、ハイローラーたちに売りさばかねばならない。しかも、売れなければペナルティまで与えられるという。いわば、〝場を持たないカジノ〟であり、なかには香港市場で上場しているジャンケット会社もある。

利幅は、想像以上に大きい。個人的に、何人かのジャンケットと会ったことがあるが、彼らは大金のためなら、女でも薬でも何でも提供する。

さらに、マカオのジャンケットには、顧客に対する与信に加えて、自らのリスクで債権回収する機能もある。つまり、顧客に巨額のカネを貸し出すことができるため、中国人が海外で投資や事業を行うための資金まで提供できる。ちなみにシンガポールでは、このようなジャンケットを違法行為としている。

中国から大量の怪しいカネが流れ込んだマカオでは、2013年にはカジノを中心とする賭博業収入で、4兆7620億円という数字を叩き出す。その規模は、ラスベガスの7倍にも達したのだ。

ジャンケットにより破滅に至った大王製紙前会長

ところで日本には、このジャンケットのシステムを通じて破滅への一途をたどった人物がいる。2011年9月頃に話題になった大王製紙の前会長・井川意高氏だ。

マカオで種銭の100万円をスッたのち、ジャンケットの存在を知り、初の借金をする。500万円のカネを融通してもらい、思い切った勝負に出た結果、600万円を取り戻した彼は、そこからギャンブルの快感に目覚めて泥沼にはまっていくことになる。僕はこれを、ジャンケットがわざと甘い汁を吸わせたと見ているし、事実、そのようなジャンケットの技を、何度も目撃してきた。

その後、井川氏はほとんど毎週のようにマカオやシンガポールのカジノに出かけてバカラに興じるようになる。なかでもマカオのジャンケットの口利きによって数千万円、数億円という借金を重ねていくが、負けは膨れ上がる一方となっていった。負けが込むほどに引けなくなり、勝てばもっと取り戻せると思い、もっと引けなくなる。井川氏は、20億円もの大勝ちしたチップを目の前に、引くことができなかった。「この20億円の元手があれば、それまで積み重ねた借金もすべて帳消しにできる」と。

106億円もの負けを重ねるそれまでの間に、引くに引けなくなり、運とツキを求める勝負の瞬間を繰り返し、むしろそのヒリヒリとした感覚でハイになっていく。ギャンブル依存症に陥る典型的なパターンともいえるだろう。

絶対に負けないための高城式カジノ必勝法

僕もかつて、小VIPのハイローラーとして各国の鉄火場のようなカジノを巡っていた時期があったが、実は、カジノには絶対に負けない方法があるのではないか、と自分なりに随分探求したことがあった。

唯一、絶対に負けない方法は、胴元になることだと悟ったが、もうひとつは最初から「やらないこと」に尽きる。

すなわち、勝とうと思わない。負けないためにどうすればいいのか、をどこまでも考える。その究極が、「やらないこと」なのだろうが、その次は、賭ける回数を減らすことだ。そうすれば、自ずと勝率は上がる。一晩で1回一勝負だけ、それなりのお金を低倍率に賭けて、勝っても負けてもそれまでとする。

競馬も同じで、倍率が低いところで、1日1回の勝負だけ。難しい重賞レースなど狙わない。僕はこの方法を使い、その経緯をかつて1年間雑誌で連載し、中古のフェラーリ1台くらいなら手に入るくらいの金額をプールできるまでになった。

これでは参考にならない、という読者もいるだろうから、もう少しだけ高城式必勝法を紹介しておこう。まず、ルーレットなら、ある程度の場の流れがあるものなので、それを崩すように場を変える。

例えば「赤が10回続いたら、黒に賭ける」。そう決めたら、何も考えずにその流れが来るまでじっと待ち、来たら賭ける。そして、勝っても負けてもその場でやめる。もちろん、そのルールを決めるのは自分で、できる限り打つ回数が少なくなるルールを課したほうがいい。

たいていのディーラーは、突然やってきて大金を賭けられると、流れが変わることを察して動揺することもあるが、理解ある読者はお気づきかもしれない。いろいろ言っても相手はディーラーではない。自分自身であり、引き際こそが勝敗のすべてである。

賭けるのは簡単で、語弊はあるが、勝つこともそこまで難しくはない。だが、やめることは何よりも難しい。特に勝っているときには。だからこそ、初めから〝やめるルール〟を自分に課すことがなによりもの必勝法である。僕の場合は一晩1回だけ、と決めていて、そのおかげで、たとえ負けても損失の上限がしっかりとある。損失の泥沼にはまることはない。勝っても負けても帰ること。自らそう決めたなら、自分自身に従うことだ。

僕はこれまで、世界中のいろいろな人たちのカジノの賭けぶりを見てきたが、大きく勝ったと喜んでいる人は、逆に大きく負けるのは間違いない。

やはり、そこで冷静さを保ち、薄く、薄く勝っていく人間が最終的には勝つのだろうし、これは人生におけるあらゆる教訓と同じだろう。若き日に世界中のカジノを見て回って、僕はそれを感じていた。

引き際がわかっている人間であれば、取り戻すために躍起になるほど負ける、という状況にはならないものだ。だからこそ、勝っていようと負けが込んでいようと、「この時間を過ぎたら打たずに帰る」と時間に制限をかけるのもいい。とにかく、カジノに足を踏み入れる前に決めたルールに従い、それを変えて僕は絶対に打つことはしない。僕が戦っているのは自分であり、実は他者は一切関係ない。もちろん、ジャンケットであっても、だ。

ただ、友人同士3人で賭場に行くことがあれば、互いに奪い合うようなゲームをしてはいけない。自分の一人勝ちで終わらせることもないようにすべきだ。3人で行ったなら、順番に一度だけ打ち、勝った者が負けた者に持ち金を必ず手渡す。もしもそれで全員がボロ負けになったとしても、同じ最終コンディションにすることが大事なのだ。ギャンブルで遺恨を残すようなことをしても、いいことなど決してないのだから。だから、本当に勝ちたいと思うなら、ひとりで出向くに限る。

そして、人の意見は聞かないこと。「次は、黒の10だな」から「お金、貸しましょうか？」と言ってくる周囲の甘言には耳を傾けてはならない。そこには、甘い共犯関係のようなものが必ず生まれ、勘を鈍らせ、足をひっぱることになるからだ。

さらに重要なのは、間違っても人生を賭けてはならない、ということだ。そうすれば、この先まだまだ続く人生の中で、どこかで思いがけない勝機が巡ってくることもある。人生は長いギャンブルのようなものなのだ。20代の「ハイローラー小ＶＩＰ」だった経験は、僕に多くの人生訓をくれた。

隆盛を極めたマカオの衰退。なぜ中国人は消えたのか？

さて、飛ぶ鳥を落とす勢いだったマカオのカジノだが、２０１４年以降は、急激に衰退に向かう。その背景にあるのは、２０１３年に中国の国家主席となった習近平による、共産党史上最大の「汚職撲滅キャンペーン」だ。

汚職が共産党支配の正当性そのものを蝕み始めているという考えのもと、厳しい取り締まりでその一掃を行うことで党改革をしようと意気込んだ。２０１３年に「虎もハエもすべて叩く」と、党幹部の大物から下級官僚まで一網打尽にすると宣言したのだ。

習近平によって編成された査察部隊は、およそ2週間にひとりの割合で、大臣か次官クラスの高官を検挙していくことになる。最高指導部の大物中の大物で、警察・公安を一手に取り仕切る周永康・前政治局常務委員や、軍の制服組ナンバー2、徐才厚前軍事委員会副主席も摘発された。こうやって摘発された汚職官僚や党員の数は、２０１４年の時点ですでに5万人以上ともいわれている。

中国本土で吹き荒れる汚職官僚粛清の嵐は、当然のごとく、マネーロンダリング天国・マカオにも影響を及ぼした。マカオ当局によるカジノ周辺の規制および入境制限の強化などが進む中、マカオのカジノからは中国人ＶＩＰ客の姿が消えたのだ。売り上げの大半を中国本土からやってくるハイローラーに頼っていたカジノの賭博業収入は、２０１５年1～4月には前年実績比の約4割減にまで落ち込んでいく。

また、ジャンケットに対する規制も厳格化された。マカオ政府でカジノ行政を管轄する博彩監察協調局（ＤＩＣＪ）は、２０１４年12月に「ジャンケット事業者として登録する際の犯罪記録証明書提出の徹底」を求める通達を行った。２００８年から提出は必須条件とされてきたが、当局による強制措置はなかった。しかし、「２０１５年１月１日からは厳格な運用を行い、『無犯罪』の者だけが当該業務に従事できる」との通達が出ている。さらに、２０１６年１月には、ゲーミング規制当局（Gaming Inspection and Coordination Bureau）が、ジャンケット業界への監視の強化と、国際的に通用する業態へ転換することを強調。ジャンケット業界のローカル経済やノンゲーミング要素への貢献、法的位置づけ、社会的責任などの視点を取り入れている。言い換えれば、少し前までのジャンケットは、グレーどころかブラックな人たちも多くいたことになる。

２０１６年１月27日付マカオ政府公報によれば、ＤＩＣＪからライセンスを獲得したカジノＶＩＰルームプロモーターにあたるジャンケット事業者は１４１だという。内訳は法人が１２１、個人が20。前年１月時点のジャンケット事業者数は１８３だったことから、１年でおよそ23％の減少となった。

また、同月11日に、ジャンケットの業界団体（The Association of Gaming and Entertainment Promoters of Macau）は、過去半年間に、VIPゲーミングルームが30から40は閉鎖されたことを、現地メディアで述べている。「現在のVIPルーム数は約100であり、半年前は146」。わずか半年の間に3割減となるほど、マカオのカジノ市場は衰退しているのだ。

IRへの転換を迫られたマカオが抱える問題

2015年にDICJが公表したマカオの累計カジノ売り上げは、前年から34・3%減となる約3・4兆円で、2年連続で前年割れとなっている。その金額は、2011年の実績をやや下回る水準にまで逆戻りしたことになるという。

僕は2015年2月にマカオを訪れ、カジノの様子を覗いてみたが、数年前とは打って変わり、週末にもかかわらず、どこもガラガラの状態でひどい有様だった。数字には現れないが、何より熱気がない。

その惨状から脱するためには、マカオは富裕層をターゲットとしたカジノから、ファミリー向けの観光に力を入れ、そのための施設開発へ方向転換を図るしかない。

そんなマネーロンダリング天国から観光産業へのシフトを迫られているマカオでは、コタイ地区にIR施設が続々とオープンするなど、すでに変貌の兆しを見せている。

2015年10月、メルコ・クラウン社は32億アメリカドルを投じ、アジア最高峰のエンターテインメント・リゾート施設と銘打った「スタジオシティ・マカオ」をオープンした。そのオープニング・セレモニーには、世界の歌姫マライア・キャリーのコンサートが行われ、マーティン・スコセッシ監督、ロバート・デ・ニーロ、レオナルド・ディカプリオ、ブラッド・ピットといったハリウッドスターが出演したショートフィルム「スタジオシティ」が、ここだけで上映されると発表。この短編映画に、制作費7000万アメリカドルが投入されたことからも、エンターテイメントを軸にしたIRへの転換の本気度がうかがえる。

エンターテインメント施設においても、「バットマン」をテーマにした4Dライド型のアトラクションや、世界的イリュージョニスト、フランツ・ハラーレイがプロデュースするマジックアトラクション「ザ・ハウス・オブ・マジック」を導入。スチームパンクをイメージしたスタジオシティホテルの中央には、アジア随一の高さを誇る8の字形の観覧車もつくられた。

また、この年の5月、ギャラクシー・エンターテインメント社による「ギャラクシー・マカオ」も第2期工事を終えてエンターテインメント化を図っている。屋外には東南アジアのリゾート風の巨大なプールエリアをつくり、熱帯植物を生い茂らせ、350トンの白砂が運び込まれたビーチとともに、12種類のプールをしつらえている。世界最大の「流れるプール」では、高さ575メートルの川下りができ、「波のプール」では最高1・5メートルの人工の波を楽しめる。

さらにラスベガス・サンズも、パリをテーマにした「ザ・パリジャン・マカオ」を2016年9月にオープンした。ホテルの上にはエッフェル塔を2分の1サイズで精巧に再現した鋼鉄製のオブジェが燦然と輝いている。6600個以上の電球を使い、総延長26キロの電線を配し、ライトアップで音と光のショーを展開する。世界の演劇やエンターテインメントショーを観賞できる1200席規模の劇場「パリジャン・シアター」もあるという。

こうしたＩＲ施設の建設が進む中、周辺国とマカオを結ぶ交通インフラの整備も同時進行で進んでいるようだ。基本的に香港―マカオ間の交通機関は2種類しかない。片道1時間の高速フェリーと、片道15分だが料金が約３万円のヘリコプターのみだ。ハイローラーは別として、一般人はもっぱら高速フェリーを利用している状況だった。

そこで、第三の交通手段として、香港とマカオ、さらには広東省珠海市を直接つなぐための大規模なインフラ工事が進んでいる。

「港珠澳大橋（ホンコン・ジュハイ・マカオ・ブリッジ）」は、３つの街をつなぐＹ字形のルートで、その全長は約35キロメートルと世界最長クラスを誇る。海上橋だけでなく、海底トンネル部分も６・７キロメートルあるという。実はこのプロジェクトは１９８０年代からあった構想だが、技術や費用の面での折り合いがつかず、計画は具体化されなかった。

しかし香港、マカオが中国に返還された後に準備が加速し、国家プロジェクトとして推進された。２００９年に着工されたこの壮大な橋は、２０１７年の夏頃に全線開通する見込みだ。これが実現すれば、香港・マカオ間は車で30分程度の距離になり、より行き来しやすくなるという。

一方、マカオは中国の省級行政区で唯一鉄道のないエリアとしても有名だった。あるのは、せいぜい1997年に開業した鋼索線の「松山纜車（ロープウェイ）」のみで、その営業距離は186メートル。世界最短のロープウェイだ。

2012年にようやくマカオ初の鉄道となる軌道系新交通システム「澳門軽軌鉄路（マカオLRT）」の着工を開始するが、マカオ政府はすでに2001年から大量輸送機関として軌道系交通の導入を検討していた。当時、マカオを訪れる観光客は通年で1000万人程度とまだまだ少ない状況ではあったが、急激な都市の発展が引き起こす交通渋滞の対応策として、また、観光客が倍増するだろうという未来を想定し、インフラ整備の一環として計画が持ち上がったのである。

マカオLRTの建設計画では、第1期路線は、2線、21駅、21キロメートルで構成される予定だ。まず、マカオ半島北部の關閘から外港フェリーターミナル、新口岸、南灣湖を経由して媽閣に至るマカオ半島線の開通が予定されている。要は、珠海市拱北との玄関口となる關閘とマカオをつなぐための路線である。

また、もう一路線として、媽閣から西灣大橋を経てタイパ島に入り、大型ＩＲ施設が建ち並ぶコタイ地区を通ってマカオ国際空港、タイパフェリーターミナルに至るタイパ線の開通を予定している。これについては言うまでもない。混雑しきりである空港からの渋滞を緩和し、かつ、観光客がＩＲ施設に簡単に足を踏み入れるための動線となるのである。当初の開業予定は２０１５年４月であったが、およそ４年遅れて２０１９年に開業する見込みだ。

人口63万６０００人のマカオは世田谷区の半分程度の大きさしかないが、観光客数は３１５０万人（２０１４年時点）にも上っている。より多くの観光客を受け入れるなら、ＩＲ開発だけでなく、インフラの整備は必須である。

だが、マカオ政府は、ＩＲ関連施設のオープンラッシュも華々しかった２０１５年に、中国本土からの観光客数を制限する政策を打ち出している。マカオにおいては、中国の政治的な動きに左右される部分が大きいため、状況はなかなか一筋縄ではいかない、と言えそうだ。

マネーロンダリングはマカオからマニラへ

ところで、マカオのカジノから逃げ出した中国人のハイローラーたちは一体どこに消えたのか？　入れ替わりにその受け皿となり得るのは、ＩＲ開発花盛りを迎えているフィリピンだけだろう。なぜなら、マカオ同様のジャンケットのシステムを導入しているのは、やはり汚職の国として悪名高き、フィリピンのみなのだから。

フィリピン娯楽賭博公社（ＰＡＧＣＯＲ）は、２０１３年に資金洗浄防止改正法が導入されたとき、カジノをその対象から外すことに成功している。それゆえに、カジノ運営会社からカネの出どころを特定されず、金融当局に報告されたりすることもないため、大量の資金を洗浄できることを暗に意味している。カジノの事業をやりやすくするためか、あるいはマネーロンダリングの扉を開いておくためなのか。

実は、フィリピンの捜査当局によると、２０１６年2月にこの抜け穴がすでに利用されている。アメリカ・ニューヨーク連邦準備銀行に置かれたバングラデシュ中央銀行のコンピュータにハッカーが侵入し、８１００万ドルが盗まれたが、その金の一部がマニラのＩＲ施設、ソレア・リゾート・アンド・カジノに流れ込んだという。何に使われたかといえば、もちろんＶＩＰルームでのチップの大量購入である。

これには北京とマカオの男性ふたりが主犯として関与していた疑いがあり、盗まれた資金のうち10億ペソ（約2100万ドル）が振り込まれた先は、中国系カジノ決済会社イースタン・ハワイがフィリピンの銀行に開設した口座だったのだ。

この会社の経営者キム・ウォン氏はフィリピン上院の公聴会で、8100万ドルを「持ち込んだ」北京とマカオ在住のふたりの中国人に言及しており、自身は銀行の書類偽造にも関与していない、その資金源がどこなのかわからないと知らぬ存ぜぬを通した。

10億ペソのうち4億5000万ペソは、中国人のひとりが持ち込み、ジャンケットを運営するキム・ウォン氏は、決済業務を手伝った後に生じた債権であり、残りは顧客のチップを購入するのに使ったと説明している。そして、この他に外国為替ブローカー経由で盗難した金の一部である500万ドルを受け取ったと話し、残っていた463万ドルを当局に返却するとした。

フィリピンの反マネーロンダリング評議会はウォン氏を刑事告発したが、彼は頑なに不正行為を否定しており、顧客から受け取った1500万ドルを同評議会に渡した。

また、マカオを拠点とするジャンケットのゴールド・ムーンは、金の一部を受け取ったとしている。ソレア内のVIPルーム用にチップ1億ペソ分を発行したこともあったという。この金は同じくマカオのジャンケットであるサンシティにも渡った。

ソレアには、港湾王として富を築いたエンリケ・ラソン氏が投資している。総資産52億アメリカドルを有する、フィリピンでは3本の指に入る大富豪だ。彼が率いるインターナショナル・コンテナ・ターミナル・サービシズ社（ＩＣＴＳＩ）は、19カ国でコンテナ貨物の取り扱いサービスを提供しているが、同時に彼はソレアを傘下に置く上場カジノホテル会社ブルームベリー・リゾーツの株式71％を保有している。

ブルームバーグ・ビリオネア指数によれば、11月6日時点のラソン氏の純資産52億ドルのうち、3分の1強はブルームベリー株が占めているという。そして、彼はギャンブルには手を出さないと公言し、負け続ける貧しい者やそこに群がる連中からカネを吸い上げることをビジネスにしている、と評されている。

ふたりの中国人客は３３００万ペソ分のチップを2日で使い、３８５０万ペソ増やしたというが、ソレアは６７００万ペソ分のチップは行方不明だとし、コメントを控えた。

エンターテインメント・シティ、マニラの3つのIR施設

マニラ最大級のカジノリゾート「シティ・オブ・ドリームズ・マニラ」がオープンした翌年の2015年、僕はフィリピンを訪ねた。

アジア最大のショッピングモールと呼ばれる「モール・オブ・アジア」を有するマニラ湾沿い経済特区には、まだまだ歯抜けの状態だが、すでに2つのIR施設がオープンしていた。

2013年に先陣を切ってオープンしたIR施設は、港湾王のエンリケ・ラソン氏が投資した「ソレア・リゾート・アンド・カジノ」だが、マカオのカジノ王の息子であるローレンス・ホー氏とオーストラリアの富豪ジェームズ・パッカー氏が手を組んで誕生させたのが、シティ・オブ・ドリームズだ。金色に輝く巨大なビル群で構成されたこの施設は、まるで金の延べ棒のようで、遠くからでもとにかく目を引いた。

このシティ・オブ・ドリームズ・マニラの開発には13億アメリカドル以上が投じら

れたという。施設内には、世界各国にレストラン「ＮＯＢＵ」を展開し、ロバート・デ・ニーロからも出資を受けるまでに成功した日本人シェフ松久信幸氏がプロデュースするＮＯＢＵホテル、ハイアットホテル、クラウンタワーズホテルや、世界のブランドが集まるショッピングモールなどがある。

中でもひと際目立つのは、この施設のアイコンともなっている巨大な金色の卵のようなビル「フォーチュン・エッグ」。クレイジーな成金テイストを漂わせるこの巨大シンボルは、夜になると赤と黄色に点滅する。正直、悪趣味以外の何物でもない。

ここには、「世界のクラブ王」と一部で称されるマイケル・ヴァン・クリーフ・オルト率いるグループによって開発された2軒の高級ナイトクラブが入っていて、著名なＤＪを招いたイベントなども行われているが、サービスを含めて素晴らしいとは言い難い。

カジノエリアにはゲームテーブルが３８５台、スロットマシン１６８０台とフィリピン内では圧倒的な規模を誇っているが、僕が見た限りでは、フロアでゲームに興じているのは、外国人ではなく、自国民が大半を占めていた。フロアマネージャーをつかまえて話を聞くと、「中国人ＶＩＰだけを相手にするつもりはない。フィリピンの国民が好むカジノをつくるのだ」と答えた。

フィリピンのカジノには入場料は一切かからない。もちろん、自国民であってもだ。つまり、シンガポールがギャンブル依存症から自国民を守ろうとさまざまな対策をしているのとは反対に、フィリピンは自国民をターゲットにしているのだ。成金趣味を彷彿とさせる、金ピカのフォーチュン・エッグも、自国民のセンスに合わせたものであるならばそれも頷ける。

僕はそれ以前に、巨大エンターテインメント施設として2009年に鳴り物入りでオープンした「リゾート・ワールド・マニラ」も訪問しているが、シンガポールのリゾート・ワールド・セントーサの規模に比べたら、そのショボさに驚いた。

大型シアターや、4Dジェットコースターやミニボウリング場もあるゲームセンター、50店舗以上のショップが軒を連ねるショッピングモール、各国料理を楽しめる40のレストランなどがあるが、スケールの小ささは否めない。

マキシムズホテル内にあるカジノ施設自体は、フィリピン最大級のフロア面積3万平方メートルを誇るが、実物を見てみれば巨大なパチンコ屋のよう。お粗末なつくりである。この施設を手がけたのは、マレーシアの大手カジノ運営企業ゲンティン・グループだが、それにしてもショボい。

　同じく彼らが手がけているシンガポールのリゾート・ワールド・セントーサと比べると、その規模感は地方の人々が遊びに出かけるショッピングモール施設のようにも思えるが、企業センスを疑うレベルだ。

　ゲンティン・グループは本拠地マレーシアで、１９７１年にゲンティンハイランドにおける最初のホテル「ハイランドホテル」をオープンした。僕が初めて訪れた80年代終盤以降も年々拡張を続け、今や巨大なＩＲ施設となっている。

　マレーシア政府唯一の公認カジノを擁しているだけでなく、東南アジアで最長のロープウェイやアウトドア・インドアのふたつのテーマパーク、ショッピングモール、ゴルフ場などを続々とオープンさせてきた。ここには６つのホテル、２００以上のレストランがあり、中でも６１１８室のファースト・ワールド・ホテルは世界最多の客室数としてギネスブックにも載ったほどだ。マレーシア最大のリゾートを築き上げながらも、２０１７年には20世紀ＦＯＸのテーマパークもオープンする予定になっている。

また、フィリピンで唯一の日系企業開発のリゾートも、2016年11月末のオープンを目指して建設を進めている。パチスロ・パチンコ機の開発を行っているユニバーサルエンターテインメント社（旧アルゼ）が手がけ、運営はグループ会社のタイガー・リゾートが行う予定だ。

当初は、「マニラベイ・リゾーツ」プロジェクトを進めていたが、その行方には不透明感が漂っていた。「用地取得が外資規制に違反している」「認可プロセスなどにおいてフィリピン娯楽賭博公社の当時のトップなどに巨額の不正資金が流れた」などの報道が多数あり、米国やフィリピン当局が捜査に着手するまでになった。

かいつまんで言えば、ユニバーサル社の会長である岡田和生氏がカジノ運営権利のためにフィリピンの娯楽賭博公社（ＰＡＧＣＯＲ）に4000万ドルもの賄賂を贈ったことが問題にされていたわけだ。しかし、2015年5月には、その疑惑が晴れたとフィリピンでは報道され、晴れて開発が再開された。

岡田氏には、ラスベガスのカジノ王となったスティーブ・ウィンの資金不足をかつて救済した経緯がある。ウィン・リゾーツの経営に参画し、ふたりでマカオに進出して大成功を収めているが、この贈賄事件がもとで袂を分かつことになったという。しかし、その真相はわからない。

２０１６年８月、ユニバーサル社は、このカジノリゾート・プロジェクトの正式名称を「ＯＫＡＤＡ　ＭＡＮＩＬＡ」に決定したことを発表した。最終的な投資額は40億ドル超えともいわれるこのＩＲ施設は、２万６０００平方メートルのカジノフロア、総客室数９９３室の15階建てのホテル棟があり、ドバイのブルジュ・ハリファに次ぐ世界第２位の巨大噴水やガラスドームのナイトクラブ・ビーチクラブ施設、プール、スパ、ショッピングモールなどを擁するという。

岡田氏が自らの名前をつけたフィリピン・ドリームのカジノが、一体どんなものになるのかは気になるところだ。マスコミ嫌いの岡田氏だが、珍しくイギリスの『フィナンシャルタイムズ』の取材を受けこのように話した。「ここは、完全な更地なんだ」と。そして、フィリピンは今後「地価がとんでもなく上昇」し、それを「日本人なら経験」してきたという。この国は、岡田氏にとって高度経済成長真っ只中の昭和なのだ。

ところで、フィリピンの主要空港であるマニラのニノイ・アキノ国際空港は、世界の空港の快適さや便利さを比べた毎年恒例のランキングで、２０１１年から3年連続の「世界最悪のターミナル」第1位となっている。

旅行関連サイト「The Guide to Sleeping in Airports（空港で眠るためのガイド）」によると、２０１４年には最下位の座をパキスタンのイスラマバードにあるベナジル・ブット国際空港に譲り、ワースト4位にまで浮上はしたものの、依然として悪評が高い。

僕自身も年に何度も降り立つ空港だが、別のターミナルへ移動するのに3時間しかなかったら、もう乗り継ぎができない可能性が高いと考えているほど劣悪だ。また交通インフラも整備されていないため、マニラを訪れるたびに空港からの渋滞のひどさにもげんなりする。

どんなにＩＲ施設の整備が進んでも、大量の観光客を受け入れる国際空港や交通網の整備、そして治安の強化など、問題がまだまだ残されている。これはマニラの大きな課題といえるだろう。

2018年までに、マニラはシンガポールを上回れるか?

エンターテインメント・シティを目指すマニラだが、実際のところ、戦略的にIR開発と観光振興を続ける小国、シンガポールを超えることができるのだろうか。

2013年3月22日の時点では、スイス金融大手クレディ・スイスが、「フィリピンのカジノ産業の市場規模は2018年までに56億ドル(2016年10月現在、約5600億円)を超え、シンガポールを上回る」と予想している。シンガポールの現地紙『インクワイアラー』などに報じられていたが、実際、この年(2013年)のアジア各国のカジノ市場規模では、フィリピンは5位につけている。トップのマカオ(中国)は4・5兆円、2位のシンガポールが6000億円、3位のオーストラリアが3500億円、4位の韓国が2700億円、そして5位のフィリピンが2000億円だ。

さらに、2015年7月14日のブルームバーグの報道によると、PAGCOR社のクリスティーノ・ナギアット会長は、「2015年のフィリピンのカジノ収入が前年比約20％増加する見通し」と発表した。

しかし、予想に反して翌2016年3月には「22カ月間前年割れ」の数字となったが、ナギアット会長は、「マニラ郊外のいくつかの候補地で、3億ドル規模のワールドクラスのカジノリゾート建設を確約できるオペレーターに対し、ライセンスを発行する」意向であることも明らかにし、強気な拡大路線を打ち出している。また、マニラ湾岸の4つのプロジェクトすべてが営業を開始する2018年以降には、フィリピンのゲーミング業界の売り上げはさらに伸び、2025年には現在の2倍以上、約40億ドルに達するのは確実ともいわれている。

クレディ・スイスが立てた予想のままでいけば、フィリピンは、アジア第2位のカジノ大国・シンガポールを追い抜き、早々に東南アジア諸国連合（ＡＳＥＡＮ）で最大の「カジノ大国」になる見込みだ。

その背景には、フィリピンの人口が爆発的に増えていることがある。フィリピン政府の人口委員会は、2014年1月にその人口が1億人を突破したことを発表している。過去30年で4倍にも人口が激増したこの国では、生産年齢人口となる15〜64歳が占める比率は上昇する一方だ。２０２８年に日本の人口を抜き去り、２０４５年には1億４２００万人に達し、うち生産年齢人口は９６００万人にもなると予想されている。国連の見通しでは、フィリピンの人口は２０９1年まで増え続けるという。

未曽有の「人口ボーナス期」が続き、英語力も高いフィリピン。アジアのカジノ大国の人口を比べてみると、マカオは約65万人（２０1６年６月）、シンガポールは約５５４万人（２０1５年６月）、マレーシアは約３０９９万人（２０1５年）となっており、フィリピンよりも大きく下回っている。

では、なぜフィリピンの人口の爆発的増加がカジノ収益に影響を与えるのか。それは、この国のカジノのターゲットが自国民であるからだ。フィリピンのカジノのレートは他国に比べて低く設定され、日本におけるパチンコのように大衆的なものなのだ。岡田氏が目をつけた理由も、ここにある。

これから先、フィリピンのカジノは増えていく労働者人口からお金をゆっくりと集金していくことになるはずだ。高度成長期の日本のパチンコ産業同様に。貧しかった者が稼ぎ出すお金の総量は徐々に増え、それがギャンブル市場に注ぎ込まれるループが生まれるのは、日本と同じかもしれない。

日本では、カジノを諸悪の根源のようにとらえ、ＩＲ推進計画に反対の声を上げる人々も多いが、減ったとはいえパチンコ産業は19兆円近くある市場である。この数字は、最大の公営ギャンブル競馬を運営するＪＲＡの売り上げのおよそ10倍であり、２０１４年にはパチンコで遊ぶ人々は９７０万人いた。恐るべきことに、日本の成人人口のおよそ1割近くがパチンコに興じているのだ。

その上、厚生労働省研究班が２０１４年8月に発表したデータによれば、成人のギャンブル依存症の疑いがある人は５３６万人もいて、成人人口の４・８％にも上るという。僕自身が、本書執筆のために調べたこの数字に驚いている。同じような調査では、公営カジノがある米国ルイジアナ州で１・58％、すぐ隣にマカオがある香港では１・８％であることからもわかるように、すでに日本はギャンブル大国であり、世界最大のギャンブル依存症者大国なのだ。

なにしろ、厚生労働省のデータで男性のパチンコ依存症者を見ると４３８万人もいて、これは日本の成人男性人口の８・７％にあたる驚くべき数字になる。

日本にＩＲを呼び込むならば、これを機に、戦後から、パチンコによってつくられてきたギャンブル依存症を食い止める必要があるだろう。

第3章

世界一のカジノ国フランス

世界で最も古くから社会文化として
カジノ施設が存在する欧州

カジノの語源についてさかのぼれば、それはイタリア語の「ＣＡＳＡ」（家）と「－ＩＮＯ」（小さいという意の縮小辞）という言葉から生まれたものだ。カジノの原型となるものが生まれたのは、ブルボン朝の国王、ルイ15世の時代あたりから。貴族たちは保養地にある別荘に客人を招いては社交パーティーを開き、余興としてカードゲームなどを楽しんでいたという。

やがて、貴族などの特権階級向けのサロンと庶民向けの賭博場の２種類の賭博場が登場するが、前者のサロンが、現在の欧州のカジノへとつながる礎になったとされている。

２０１６年に広告代理店の電通から、「カジノではなくカッシーノと呼ぼう」という提言がされた。「カジノという言葉はマフィアやギャンブルのイメージがあって響きが悪いから、フランス語の〝ギャズィノ〟という発音に近いものにすればオシャレなイメージになる」とのことだが、世間からは大バッシングを受けたことは皆さんもご記憶にあるだろう。「名前を変えればいいってものじゃない」と、誘致反対派をはじめ、多くの国民の感情を逆撫でしてしまうことになったのは、世間からズレた大手広告代理店の現状をよく表している。

さて、賭博そのものの歴史を振り返れば、それは非常に古く、時の為政者により禁止されたり、認められたりしてきた歴史でもあった。現在に至るまでも、カジノ禁止とその合法化は、各国の歴史的、社会的、文化的事情や背景、さらには国民感情などを反映したその時代の世相などによっても変化してきたもので、国ごとにその事情も大きく異なっている。

宗教的な面からいえば、キリスト教も、イスラム教も、ヒンズー教も、宗教的な価値観・倫理観から賭博行為は好ましくないとされ、それが理由で賭博行為が禁止となっている国も少なくない。

また、風紀や社会秩序を乱すという理由から、為政者の判断によって禁止されている国もあれば、賭博行為がもたらす税収効果などの経済効果に期待をかけ、早い段階から積極的に賭博行為を認めてきた国もある。

とはいえ、近世までは貧しい者には賭け事に興じる余暇も資金もなかった。カジノは金と暇をたっぷりと持て余した貴族や富裕層などの特権階級たちが、その余りある時間を贅沢に過ごすためのものでもあった。

18世紀以降の欧州におけるカジノ施設は、こうした特権階級の余暇と、時には密会・密談にリンクすることになる。それゆえ、著名な保養地や温泉地、避暑地・避寒地などに集中して設置されていった。こうした保養所は、貴族階級を惹きつける観光地で、現代で言うところの「セレブがこっそりバカンスを楽しむリゾート地」である。

現在でもその余韻を残しているのが、モナコや、ドイツのバーデン＝バーデンだ。富裕層や特権階級を集めて遊ばせるカジノ施設は、巨額の金を消費させるためのエンターテインメント事業であるとして特例的に許諾し、為政者が「裏の胴元」として、その利益をピンハネするという構造が出来上がっていた。

一方、こうしたカジノ施設は極めて小規模なもので、事業として大きく発展するようなものではなかった。

しかし、18世紀以降に状況は一変する。産業革命により、これまでの特権階級とはまた違う、新たな富裕層としてブルジョアジーが登場する。

余暇を楽しめるだけの金を持つ人口が飛躍的に増大したことで、各地のリゾート地がどんどん賑わうようになる。「バカンス」という用語や、集中的に休暇を取って旅行を楽しむ考え方は、この当時に生まれた概念や慣行である。

南フランスでのリゾート施設をはじめ、地中海に面するリゾート都市などが勃興し、そこに存在するカジノ施設がもてはやされるようになるのは、20世紀初頭からであり、新しいブルジョア階級がもたらしたものだ。

とはいえ、欧州におけるカジノの伝統は、そもそもが貴族的な文化や慣習を引き継いだものなので、その多くは「限られた富裕層に向けた小規模なカジノ施設」でしかなかった。今も欧州諸国にあるカジノは、こうした性格をそのまま引き継いだ施設がほとんどではないだろうか。現在までに顧客の層は拡大してきてはいるが、入場できる者は制限され、誰もが自由に入れる施設というわけでもなかったのが現実だろう。

ドイツのシュヴァルツヴァルト（黒い森）に隣接するバーデン＝バーデンは17世紀からスパが有名な高級保養地として人気があり、カジノの歴史も長い。豊かな自然に囲まれた人口約5万4000人の小さな街のカジノは、ドイツ出身の大女優マレーネ・ディートリヒをして「世界で一番美しいカジノ」と言わしめた。

250年以上の歴史と伝統を引き継ぐこの施設は、フランス国王の居城を見本として設計された擬古典主義の建築様式を持ち、長い間、貴族や上流階級の社交場で、一般人は入れなかった。

現在は入場料5ユーロで一般にも開放されているが、紳士淑女が集まるこのカジノのドレスコードは厳しく、男性はネクタイ付きのスーツ、女性はスーツかドレスを着用することが規定されている。中国人富裕層などの観光客が増加したことで、欧州でもドレスコードは緩くなっているようだが、ここでは入り口でしっかりとチェックされるため、入場するために革靴やヒールを街中で探し回る人もいるようだ。

一方、南フランスにほど近く、地中海に面するモナコ公国は、税制優遇もあって世界でも有数のセレブリティが居を構える国であり、国家の収入はレジャーやカジノ、そして富裕層向けの観光によって成り立っている。近年は街全体を使ったＦ１グランプリの開催が有名だが、モナコの象徴は、今も「カジノ・ドゥ・モンテカルロ（グランカジノ）」である。

１８７８年からの伝統を持つカジノ・ドゥ・モンテカルロは、パリのオペラ座をつくった建築家シャルル・ガルニエの設計で、モナコの象徴だ。ここには世界中から王侯貴族やセレブリティが集まり、宮殿のような建物前面のバレーパーキングには超高級車がずらりと並ぶ。世界基準から見ても最も格式の高いカジノであり、ここも長く一般開放せずにやってきた。

しかし、現在は入場料10ユーロで庶民の観光客も受け入れ、昼間の時間帯は見学のために開放もしている。昼の見学時にはドレスコードはないが、夜は、「適切な服装で入場、短パンやサンダルでの入場はＮＧ、軍服や宗教上の服装もＮＧ」となっている。また、ＶＩＰの集まるプライベートルームでは、カジノを開場する午後8時以降は、「ジャケット着用・スポーツシューズでの入場はＮＧ」だ。

観光客の増加で、場内にはカジュアルな服装も見受けられるようになってきたが、ＶＩＰルームに一歩足を踏み入れれば、ディーラーはもちろん、プレイヤーもタキシードを着用していて、雰囲気はガラリと一変する。格式の高さはやはり世界随一といえるだろう。

欧州のカジノ施設は全体に規模が小さく、伝統と歴史を誇る格式高いものがまだ多く残されている。それらは、ラスベガスから始まった米国型巨大エンターテインメント装置としてのカジノや、シンガポールに見る外国人観光客誘致を目的としたＩＲ施設とはまた別物である。しかし、近年には海外からやってくる一般観光客に向けたカジノ施設も増えつつあり、かつてと比べれば状況は変化しつつあるようだ。

観光客数ナンバーワン。フランスが不動の地位を保つ理由

フランスは本来は農業立国であり、ルノーをはじめとする自動車製造やエアバスを軸とした航空機製造なども知られているが、ＧＤＰに占める割合のトップは、実は「観光業」である。ＧＤＰ全体の約７％を占め、観光業はフランスにとって重要産業

のひとつとなっている。

この国の総人口は約6600万人だが、年間の海外旅行者受け入れ数は、それを上回る8000万人超。渡航地での飲食や買い物などを含めた観光支出の国際収支でも、フランスは一貫して、年間100億ユーロ以上の黒字を続けている。

UNWTO(世界観光機関)による「Tourism Highlights 2015 Edition」では、2014年の外国人訪問者数で世界ナンバーワンはフランスだ。8370万人もの人々が世界中からやってくる。比べて日本は22位、1340万人と、人口比で考えるまでもなく、かなり寂しい数字なのが現実だ。フランスは30年あまり、この「世界で最も観光客が訪れる国」として不動の地位を築いている。

その根本には、まずこの国が持つロケーションの有利さがある。西はスペイン、東はイタリア、スイス、ドイツなど、諸外国と隣接しており、国内を分断する山脈も少なく、ドーバー海峡を挟むイギリスをはじめ、大西洋、地中海からもアクセスしやすい。多様な民族が行き交う交通の結節点として古代から発展してきた、観光においては恵まれた土地柄なのである。

第1次世界大戦前の1910年という、諸外国と比べても早い時期に対外観光宣伝のための政府観光局（NTO）を設置しているが、これは国境を越える国際観光振興とともに、国民の心と体の健康を守る行政と国内の観光需要促進のためでもあった。

第2次世界大戦後、「万人に観光を！」をスローガンとする「ソーシャル・ツーリズム」という施策が行われることになる。戦争が終わり、1960年代に社会が徐々に回復する中、バカンス長期滞在の最大目的地、コート・ダジュールは飽和状態になり、庶民のファミリーでは手の届かない高級化へと向かっていった。

その結果、フランスの庶民は、比較的手頃な近隣のスペインやイタリアへ流れ、フランス国内から外貨が大幅に減少していくことになる。困惑したフランス政府は、バカンスによる国民の海外流出を食い止めるため、そして、フランス国内で消費させるために、地中海に面しスペイン国境に近い「ラングドック・ルシヨン観光地域」の開発に着手する。

開発対象となったこの地域は、フランス国内においても開発途上の地域だったが、晴れた日が多く（年間日照時間2750時間、年間降雨日数90日以下）、そして、素晴らしいビーチが残されていた。計画地域の200キロメートルにわたる海岸線のうち、180キロメートルは砂浜海岸。しかし、この素晴らしい海岸にはラグーン（潟湖）と沼地が点在し、蚊のはびこる不健康な地域としても知られていたのである。

政府はこのエリアの蚊の駆除や沼沢地の整備を行う。そして、8つに分かれた計画地区のすべてに、リゾートとして必要な施設に加え、ヨットハーバー、ホテル、アパート、キャンプ場、キャンピングカー村、スポーツ施設、商業施設、休暇村などを組み込むこととして、地中海最大のマリーン・コンプレックスが誕生したのだ。おかげで、夏にはフランス全土から自家用車で人々が押し寄せ、冬季は北欧やイギリスなどからのリゾート客も来るようになった。

政府主導によるこうした施策により、現在では国民の8割が国内でバカンスを過ごすようになっている。


ところで、「バカンスといえばフランス」と思っている人も多くいるだろうが、フランス人が長期のバカンスを過ごすようになったのは比較的最近のことである。

実は、週休1日がすべての労働者・職員の権利となったのですら、1906年制定の週休法からなのだ。1930年代の時点でも、世界恐慌の影響もあり、1日15時間労働が一般的で、日曜日だけが休日だった。

それが１９３６年、フランス人民戦線内閣がいわゆる「バカンス法」を制定してから変化していくことになる。これは失業者に仕事を分け与えるためのワークシェアリングの手段として考えられた策ではあったが、これ以降、長期の有給休暇取得が進んでいった。

バカンス法は改定が繰り返され、現在では、「原則として5月1日から10月31日の期間に、年次有給休暇のうち4週間を消化し、残り1週間は11月1日から5月31日までに消化する」ことが定められている。

さて、欧州経済が停滞しているにもかかわらず、現在でもフランスが海外旅行者数受け入れナンバーワンであり続ける背景には、２００９年の法改正で設立された「フランス観光開発機構（アトゥー・フランス）」の多様な戦略展開がある。

フランスにおける国家レベルの観光戦略を一手に担うこの組織は、観光ＰＲ機関であったメゾン・ドゥ・ラ・フランスと、観光開発・技術供与・観光機関のＯＤＩＴフランスが統合してでき上がったものだ。アトゥーとは、「切り札」を意味するが、まさにその名の通りの結果を出したと言えるだろう。

傘下には国、地方自治体、観光業者やフランスの経済セクターによる1300の会員が連携し、効率的に国内外の観光客へフランスの魅力をアピールしている。ミシュランガイドのようなレストランの「格付け」は有名だが、ホテル、小さな村々の景勝まで格付けし、ツアーを企画し、国内の隅々にまで観光客を送り込めるようにした。

例えば、フランス政府はワインテイスティングや収穫体験などが行えるワインセラーに対して、ワイン・ツーリズムの認証を行っている。ボジョレーヌーヴォーで有名なボジョレー地方では200の事業者が認証を受け、「毎年11月の第3木曜日午前0時に解禁になる」というストーリーとともにワインを売り出し、解禁のタイミングで毎年行われる「サルマンテル祭」には、世界各国から愛好家が集まるようになった。また、こうした海外への巧みなPRの影響で、ボジョレーヌーヴォーの出荷量の約45%は海外へ輸出されている。

一方で、宿泊施設やタクシー運転手に、観光客の国別に用意した応対マニュアルを配り、国民性や気質などに合わせた接客を徹底させるなどもしているが、これはマーケティングの中で「フランスは外国人に冷たい」という悪評を知って、当局自らが考え出した施策であった。

世界の反応を探るべく、見本市や商談会の開催にも積極的に乗り出し、観光関係者を事前ツアーに連れて行くという。また、閑散期には企業施設の見学ツアーを組むなど、抜かりなくビジネス客の誘致も行っている。

２０１４年の世界における国別の国際会議開催件数で、フランスは５３３件。世界第５位につけている。

観光大国の悩み。観光産業はＧＤＰの約７％、うちカジノ５％は本当か？

欧州では、カジノ市場はフランスが最も大きく、２０１２年の時点で、全土で１９５施設を擁し、その総粗収益は23億４４００万ユーロ（約３０２７億円）に達する。欧州最大の設置数・規模を誇るカジノ大国でもあるが、個別の施設の規模を見ると、決して大きいとはいえない。

法整備から観光まで、抜かりなく取り組み、油断せずに新しい施策をどんどん打ち出すフランス。しかし、この観光大国にも実は悩みがある。

それは、世界ナンバーワンの外国人訪問者数を誇りながら、国際観光収入は「世界4位」に甘んじているところだ。

2015年6月、フランスの外務・国際開発省のローラン・ファビウス大臣は、自身が座長を務める政府観光振興評議会の最終報告書を受け取った際、「観光はわが国の宝であるが、その一方で矛盾に陥っている」とコメントしている。

「Tourism Highlights 2015 Edition」が発表した2014年の国際観光収入では、フランスは554億ドルと発表されており、実にGDPの7%を占める数字となった。しかし、この年の順位では、長年世界の2位、3位についていたはずのフランスが4位にまで落ちることになったのだ。

一方、1位のアメリカは、1772億ドルとフランスに3倍以上の差をつけている。しかし、アメリカは外国人訪問者数では2位にランキングされており、その数字は約

7480万人。フランスは8370万人と、大きく水をあけられている。

この差は一体どういうことなのか。わかることは、観光客ひとり当たりの旅先で使うお金が、フランスは少なくアメリカは多いということだ。この違いはどこで生まれているのだろうか。


この調査の前年、アメリカのある都市が、記録的な観光客数の動員と観光収入を達成したと発表した。それが、年間4000万人以上を集めて大記録を達成したラスベガスである。ラスベガス観光局によれば、そのうち520万人はコンベンションのゲストで、ラスベガス全体のホテルの稼働率は、全米ホテル稼働率64・1%をはるかに超える86・8%まで高まった。この数字は全米トップのホテル稼働率を誇り、平均宿泊料金も年々高くなっている。

ホテルや食事、そしてショッピングなどは、どこの国のどの都市へ行っても大差ないが、必ず数日滞在する確約がある上客が集まり、彼らがより多くのお金を使えば、観光客ひとり当たりの支出は大きくなる。それを可能にするのが、コンベンションとカジノが一体となった、いわゆるIRなのである。

ここで思い出してほしいのが、現在のラスベガス同様にコンベンションのゲストが多いシンガポールのマリーナベイ・サンズでは、ＩＲ施設の収益のうち、実に80％以上がカジノからの収益だったということだ。観光客が落としていくお金については、やはりカジノが一番の集金装置になっており、それはカジノ大国アメリカでも同様だ。物理面積に対して高収益となるＩＲ施設が、最終的な国際観光収入に大きな影響を与えているのがうかがえる。

２０１４年の国際会議開催件数は、アメリカが第1位で、その数は８３１件。世界最大の観光立国にもかかわらず、５位となったフランスの５３３件を大きく引き離している。ＭＩＣＥ施設を備えた大型ＩＲ施設がないフランスが苦戦しているのがよくわかる。

では、国際観光収入が世界第2位となったスペインはどうだろうか。その数字は６５2億ドルと、フランスより１００億ドル近くも多いが、観光客数においては第3位。フランスよりも２０００万人近く少ない約６５００万人となっている。スペインもまた、ＧＤＰに占める観光産業の割合が11％に達する観光立国だ。

実は、スペインについては、旅行者の滞在日数が非常に長いことが観光収入に影響している。フランスのファビウス大臣は、「フランスはスペインよりも30％訪問者が多いにもかかわらず、収入はスペインが15％上回っている。これは訪問者の滞在期間がスペインのほうが長いためである。わが国の場合、パリには多くの旅行者が来るが、地方に滞在する期間はとても短い」と話している。

また、一元的に観光施策を管理しているフランスと違い、スペインは地方に権限を移譲している。政府観光局は基礎的な調査や海外へのプロモーションに徹しており、観光施策を進める主体はあくまで自治州政府や各市町村に任せられているのが大きな違いだ。

自らの魅力を理解している市町村がイニシアチブをとって民間業者とともに観光のＰＤＣＡ（Ｐｌａｎ〈計画〉→Ｄｏ〈実行〉→Ｃｈｅｃｋ〈評価〉→Ａｃｔ〈改善〉の４段階を繰り返すことによって、業務を継続的に改善する方法）を短期間でくり返していく方式がスペイン観光産業の基盤となっている。

その成果がスペインのインバウンド客の実に６割はリピーターだ、という数字に出ているのだ。

こうした状況に危機感を抱いたフランスは、年間外国人訪問者数を1億人に増やそうと考える。２０１４年６月には、観光振興評議会から以下のような具体的な方策提言が発表された。

シャルル・ド・ゴール国際空港の受け入れ向上や、空港への交通アクセスの整備、観光地の安全強化、中国人観光客向けショートメッセージサービスの導入、空港など観光で利用される場所のＷｉ－Ｆｉ無料化など、40にも及ぶ提案だ。また、「フランス全土の観光目的地の認知度を向上させるため、20のエリアを選定して国際的に地方の存在を強調していく」という項目もあった。これは、明らかにスペインを意識している方策である。

ここで注目してほしいのは、世界的巨大観光装置となったＩＲ施設の誘致には一切触れていないことだ。実はフランスがライバル視しているスペインでは、観光都市バルセロナ近郊に巨大カジノ施設「ユーロベガス」をつくる計画が進められていた。最終的には、２０１３年12月にプロモーターであった米国カジノリゾート運営会社のラスベガス・サンズとの交渉決裂で誘致断念となったが、これにフランスが反応しないはずはないだろう。

しかし、そのような話がまったく聞かれないのはなぜなのだろうか？　そこには、ＩＲを誘致することができない、フランスなりの事情があったのだ。

大型ＩＲ導入を阻む「伝統と歴史」

欧州全体を見渡せば、その経済力に比してカジノ市場が小さいことがわかる。欧州全体（ＥＵ加盟国）のＧＤＰはアメリカとほぼ同じ規模ながら、カジノ市場は約７５００億円にすぎず、アメリカ（商業的カジノと先住民カジノの合計で）の６・６兆円（２０１３年推定）の10％強程度しかない。

国別にみても、トップのフランス、そして第2位のイギリス（１３０６億ユーロ）を除けば、各国の市場規模は１０００億円未満と規模が小さい。一定の寡占化が進んでいるにもかかわらず、カジノ事業者も米国やアジアと比較すれば粒が小さいのは否めない。上場企業の最大手でもカジノ部門の売上高は３００億～４００億円の規模感であり、ラスベガスのウィン、ＭＧＭ、サンズなど上場大手企業と比べれば、その規模は1ケタも違うだろう。

フランスをはじめ、欧州のカジノ市場が小規模である背景には、さまざまな要因がある。長い歴史のもとに育まれてきたカジノ文化は、アメリカやアジアのように、それまで禁止していたカジノを解禁して、制度設計から都市計画の整備までゼロから行って、成長産業戦略としてきたものとはわけが違う。

そもそもの成り立ちが、富裕な顧客層を対象とした遊興施設として限定的に発展してきた事情がある。基本的には市場が分断され、限られた顧客層を対象に、限られた施設数と地域で歴史的にカジノが存続してきた。それをベースに模倣と発展をしていったにすぎない。法においても、既存のカジノありきから出発し、そこから段階的に制度や規制が整備されていったところもある。

1920年の内務省政令では、首都パリから100キロメートル以内ではカジノの設置が禁止され、現在でも有効とされている。首都近郊の絶好の観光客誘致エリアにカジノ施設が存在していない理由はこれなのだ。

また、欧州における伝統的なカジノのゲームでは、テーブルゲームが主体になるが、設置テーブル数が多くない上に、ゲーム自体のロット数も少ない。小規模なスペースで、小規模な人数が参加するテーブルゲームを提供することが欧州カジノの特色でもあった。

しかし、フランスでは１９８７年に、従来は認められていなかったスロットマシンの設置が認められることになる。これが人気を呼び、ゲーミング・ブームが起こる。一方、１９８８年には法律第88－13号（通称シャバン・デルマス改定）により、人口50万人以上の観光都市（温泉地、海浜リゾート市など）では、一定条件をクリアすれば民間業者でも国からコンセッション（許諾）が付与され、カジノ施設の開設と運営が認められるようになった。

フランスでは、ルシアン・バリエールグループ、パルトゥーシュグループ、トランシャンなど４つの企業が１１５施設を運営している。

この87年、88年の２回の制度改定により、今日に至るカジノの制度的枠組みの基本が固まったが、段階的かつ、つぎはぎ状態で規制や課税制度が設けられているため、極めてわかりにくい。

その上、フランスにおけるカジノは、内務大臣・公安当局による中央に集約された一元的規制・監視体制のもとにある。税法も含めた法体系は複雑で、制度としては第五共和政以前の旧法に依拠し、「制限的・抑制的」であり、なおかつ税率はそのほかの欧州諸国と比較しても高い。ちなみに、欧州において、ゲームの賞金から差し引かれるＧＧＲ（グロス・ゲーミング・レベニュー：総粗収益）は50～60％だ。カジノ運営事業者にとっては、カジノ売り上げの優遇税制を取っている国と比べてあまりにも収益性が悪いのが現状である。

例えば、アメリカやシンガポールでは、行政が施設の設置場所と数を適正にコントロールして、一方で、カジノ売上にかかる税率は低く設定し、事業者に再投資を可能にする余力を与えている。

ラスベガスやマカオでは、多数の事業者、施設を特定エリアに集積させることで、エリア全体としての魅力が増幅し、集客力が高まった。これにより、事業者の収益性はさらに高まり、競争も活発化し、コンテンツやサービスを改善させる投資が増える。また、このような方針により、あるひとつの施設が改修工事を行っても、他に多数の施設が存在することでエリア全体の魅力は損なわれず、スクラップ＆ビルドも容易となる。集客の向上によって、収益力も拡大でき、互いに競争することで投資も増加する。そして、それにより、さらに集客を向上できる循環サイクルが生まれるのだ。

こうしたクラスター効果が広がることでラスベガスもマカオも繁栄と成長を続けた。カジノの収益力を、集客力や運営会社の支援にフィードバックするような仕組みがあれば、フランスをはじめとする欧州にも巨大なＩＲ施設が誕生していたかもしれない。

では、シンガポールのＩＲ施設と比べるとどうなのだろうか。

シンガポールでは、サンズとゲンティン、２社の独占契約方式をとっているため、事業者はカジノによる利益を保証されることになる。それにより、カジノ以外の多様な集客施設、つまりはエンターテインメントやＭＩＣＥ施設などに対しても、多額な先行投資を行うことができ、集客力アップが可能で、事実うまくいっている。カジノ運営会社がそうしたノンゲーミング施設にも巨額の投資を行い、魅力的な施設をつくれるのは、あくまでカジノ収益を上げるための集客エンジンとして切り離すことができるからであり、全体のＩＲ施設数を制限する利益保証があってこそだろう。

フランス全土に１９５カ所のカジノがあっても、小型のカジノ施設が分散して点在しているだけでは、エリアとしての集客力にはつながらない。加えて、利益が各所に分散するリスクも高い。集客施設に大型の投資をしたところで、自分の経営するカジノでカネを落としてくれるとは限らず、投資回収できるかどうかのリスクは大きくなる。

その上、欧州全体ではカジノ施設は500にも上る。また、各国では、カジノ施設以外にも、スロット・アーケードやパブ、カフェなどにゲーミングマシンが広く普及している。その数は合計200万台にも上り、カジノの殿堂であるアメリカですら全米でスロットマシンは100万台程度ということを考えたら、かなりのものだ。

オンラインギャンブル（ロッタリー、スポーツ関連への賭けを含む）の合法化が進む欧州だが、2013年の時点で、その市場は約1・5兆円（2013年）にまでなっている。これは総ギャンブル市場の13％を占める数字だが、うち約3000億円はオンラインカジノの市場だという。例えばデンマークなどの北欧オンラインカジノ企業なども、租税回避のためにユーロ圏のマルタ共和国やジブラルタルなどに拠点を移している。こうした状況もまた、欧州のカジノ市場全体に影響を与えていることは間違いない。フランスのカジノ施設は、アメリカやシンガポールとはまた違う道をたどっているのだ。

フランスのトップ3に入るカジノCEOに聞くフランス・カジノの現状

２０１６年3月、僕はフランス、ドイツと国境が接しているスイスのバーゼルにいた。フランスではパリ近辺での開設が禁じられているため、カジノは必ず都会から少し離れた郊外にあり、越境者を見込むことから国境の近くに多い。この街のカジノは、「グランカジノ・バーゼル」だ。

ここを経営するのは、フランスでカジノ・ホテルのチェーンを営むトランシャン・カジノだ。このグループは、フランスのチェーン店カジノ経営ではトップ３に入る大手である。２００６年11月からフランスのカジノでは、未成年者やブラックリストに掲載された人物を締め出すため、入り口で身分証明書の提示を求められることになったが、このグループでは指紋チェックまで行っている。しかし、このカジノ、真っ赤な照明に照らされた四角い箱のような外観で、遠目にはクラブかパチンコ店といった雰囲気を漂わせているが、見所が少ないバーゼルでは、まるで観光名所のようにもなっている。

僕はこのトランシャン・カジノのＣＥＯ、トランシャン氏と、現役を退いたばかりの会長にインタビューした。かつてはインベーダーゲームの筐体《きょうたい》を仕入れていた会社らしく、日本にもよく来ていたという。彼らの祖父は元カジノ協会の会長だ。

「フランスのＧＤＰの７％が観光産業で、うち約５％はカジノ収入とのことですが」と問いかけると、ふたりとも首をかしげていた。パリの観光客がどれくらい来るかと訪ねても、「把握していない」とあっさり言ってのけた。

彼らが言うには、「ほとんど地元の人々しか来ない。だから把握していないのだ」。周りを見回せば、確かに近所からぶらりとやって来たようにしか見えない冴えない年配の男性ばかりで、オペレーションサイドも、細かなマーケティングを行うＩＲとは大違いである。

続いて、パリにほど近いフランスで３本の指に入るカジノチェーンが経営するカジノ「バリエール」を、およそ20年ぶりに訪ねた。格式高い名門ホテルグループ、ルシアン・バリエールは100年以上の歴史を誇っていて豪華で伝統があったはずだが、その空間は、残念ながら大衆化しているように見えた。

先に述べたグランカジノ・バーゼルもそうだが、地元のパチンコ店のような雰囲気のカジノがフランスおよびその周辺で増えていて、かつての名門カジノも大衆化路線に向かっているように思う。これはおそらく、スロットマシンの大量導入へと踏み切った施策によって進んだ結果ではないかと思われる。もはや、欧州のカジノから学ぶものは何もない。

現在、フランスの国際会議開催件数は世界第5位だが、コンベンションセンターは、カジノとはまったく別物として存在している。フランスがIR施設建設に乗り出すことは、現状を見る限りではほぼないように見える。なぜなら、それを受け入れる素地が、歴史と伝統においても、国民性においても一切ないからだ。今後も観光産業においては、IRには一切頼らず、国際会議の誘致や地方ツーリズムに注力していく方向で進められるだろう。

また、フランス観光産業のライバルであるスペインでは、バルセロナのユーロベガス計画が頓挫したが、この当時、僕は現地で地元の人たちの意見が真っ二つに割れる様を目の当たりにしていた。大きく見ればカジノシティと学園都市が両立するようなハイブリッドな街づくりをしようとしていたようだが、「バルセロナらしさが失われる」と猛反対する市民たちが多数いた。

実はバルセロナにはチェーンのコーヒー店もなく、スペイン全土でもデパートは1社しかない。その代わり、小さな個人商店が軒を並べ、独自のコミュニティを形成している。確かに世界のどの街に行っても見かけるグローバルチェーンはバルセロナに極端に少なく、スターバックスにさえ反発する人々が、米国型IRを受け入れるとは思えない。表向き、ユーロベガス頓挫の理由は欧州の不況とも言われていたが、それが方便であることは、当時この街に住んでいた僕から見ても明らかだった。

ユーロ圏においては、フランスを含め、IRを本格導入できる都市は、ほとんどない、と言ってもいいだろう。やろうと思ってもできない。これが現実だ。もし可能な街があるとしたら、EUを脱した金融都市ロンドンの郊外だけなのではないだろうか。

なにより、スペインにもフランスにも最高の観光資源がある。それは気候だ。世界最高の気候と呼ばれる地中海性気候は、欧州のハイシーズンになる7月から10月の好天を「確約」している。

その上、ローシーズンも北欧やドイツの避寒地として、人々を集めている。いうまでもなく、ＩＲは全天候型が基本であり、ハイシーズンの天候が不順な街でこそ、本領を発揮する。

例えば、夏の暑さが厳しい日本の街にむしろ合う。今後、世界最高のＩＲ施設をどこかにつくるのなら、伝統的なカジノ文化がなく、一から制度設計や地域づくりができる日本しかないのではないだろうか。各国を見て回る中で、僕は改めてそう思いはじめた。

第4章

90年代ラスベガスの成功と、近年のニューヨーク州のラスベガス化戦略

寂れた砂漠の街から一大歓楽街へ。バグジーが夢見たラスベガス

ネバダの荒涼とした砂漠の中に、忽然と現れるのが〝眠らない街〟ラスベガスだ。その歴史を古くまでさかのぼると、始まりは1829年。スペインの探検家アントニオ・アルミホが砂漠の中でオアシスを発見する。彼はこのオアシスを「ラス・ベガス」と名づける。スペイン語で「肥沃な草原」を意味するが、そのオアシスがやがて、湧き出るように金を生むカジノの街になるとは思いもよらなかっただろう。

1890年代後半は、ゴールドラッシュで一攫千金を狙う多くの労働者たちが幌馬車に乗り、アメリカ西海岸を目指した時代だ。ラスベガスは、ロッキー山脈を越えた砂漠の中継地点となり、次第に多くの人々が住みつくようになる。何もないこの街での娯楽は、カードゲームくらいのものだった。わずかな持ち金で賭博に興じながら、アメリカンドリームを夢見る。ラスベガスの地は、その成り立ちの時代から、ギャンブルや人々の欲望にまみれた街だったのだ。

ラスベガスのあるネバダ州では、州発足以前、１８６１年の時点ですでに賭博全面禁止法を制定していた。州が発足した１８６４年以降も引き続き、賭博行為を禁じていたが、結果的に非合法のギャンブルが横行することになる。この取り締まりに多額の費用がかかり、州政府は頭を抱えていた。

そこで、ギャンブルを取り締まるより、ライセンス制による財源化を図ることを目論み、１８６９年に合法化したが、女性市民運動家や反ギャンブル連盟のロビー活動によって、１８９０年には再びギャンブルを禁止することになる。

１９１９年に禁酒法が制定されたのも、こうした時代の流れの中のこと。賭博場は、密造酒の製造や売春斡旋と同様に非合法の地下マーケットとなり、マフィアにとって格好の資金源となっていく。密造酒で悪名を高めたシカゴのギャング、アル・カポネもまさにこの時代に暗躍している。

その後、ゴールドラッシュは終焉し、鉱山以外に大した産業もないネバダ州の経済は落ち込んでいくことになる。さらに１９２９年の世界恐慌では、鉱業の取引価格が急落。悪化する一方の状況を打開すべく、ネバダ州はふたたびギャンブルの合法化に踏み切った。

そして、州外からの人を呼び込み、かつ、違法営業の賭博場から税収を確保できる仕組みを作った。これは１９３１年のことだが、２０１６年現在、観光客を集め、カジノ収入で財源を作ろうとするＩＲ施設のあり方に非常に似ているのが面白い。

すでに、ラスベガスには鉄道が通じ、さらに政府のニューディール政策によって、フーバーダムの建設も始まった。このダム建設のおかげで、ラスベガスには全米から労働者が集まってきた。ダム完成後、生活に必要な水や電力の供給ができるようになり、街に残る労働者によって人口も増え、街は息を吹き返す。

しかし、この頃はまだ合法カジノの規模も小さく、街の内外から賭場を楽しみにやって来る労働者向けのホテルや酒場、レストランが並ぶ三流の繁華街だった。今や世界最大のホテル通りとして名を馳せるラスベガス・ブールバード（ラスベガス・ストリップ）があるエリアも、当時はただの砂漠だったのだ。

ラスベガスの街が大きく変貌していったのは、第２次世界大戦前後のことだ。

１９４１年には、派手なネオンサインが目を引く「エル・ランチョ・ホテル」が登場し、遊園地を併設したホテル、「ラスト・フロンティア」がオープンし、次第に街は賑わっていく。

これに目をつけたのが、ニューヨーク出身のギャング、ベンジャミン・シーゲルだ。〝虫けら〟や〝ばい菌〟を意味するバグジーという通称で呼ばれたこの男は、砂漠の街にハリウッドのような一大歓楽街を築くという、壮大な夢に着手する。

マフィアのボスたちに頼み込んで資金を集めたバグジーは、ダウンタウンから10キロメートルも離れた砂漠のど真ん中に「フラミンゴホテル」を建設する。セレブリティの集うハリウッドをイメージし、豪奢なホテルにカジノ、プール、ギフトショップ、ゴルフ場、射撃場、乗馬クラブまで揃う一大リゾートを計画した。現在のラスベガスのホテルの原型そのものである。

フラミンゴホテルは１９４６年に開業するが、その建設費は当初計画した１００万ドルから６００万ドルにまで膨れ上がっていた。また、ホテルの経営も赤字が続き、マフィアのボスたちの不信を買ったバグジーは、組織の手によって消されることになる。

皮肉なことに、彼の死によってフラミンゴホテルは評判になり、一目見ようという人々によってラスベガスは次第に活況を呈していく。それを見たマフィアたちもまた、我も我もとばかりに続々とカジノホテルを建設していった。ラスベガスにはギャンブル好きのアメリカ人たちがこぞって押し寄せるようになり、やがて50年代の一大建設ラッシュへと続いていった。

ラスベガスが一大エンターテインメントリゾートへと変貌を遂げるその陰には、マフィアの資金力と組織力があったのは否めない。

マフィアを追い出した大富豪ハワード・ヒューズ

1960年代に入ると、長年マフィアに支配されてきたラスベガスはクリーンな街に生まれ変わる。

1950年代の時点からカジノ産業における犯罪の影響が問題視されるようになり、連邦議会上院に設置された「州際間取引に関する組織犯罪調査委員会」が議会で取り上げるようになっていた。公聴会ではマフィアによる脱税の証拠が公表され、犯罪組織のカジノ関与が明らかにされていく。世論によって、連邦政府からカジノが禁止されかねないような風潮もあったが、委員会は「犯罪の摘発とカジノ産業自体の健全化」を目指す結論を出した。

ネバダ州は連邦政府と協調しつつ、マフィアを締め出す政策を実践していく。50年代から60年代にかけては、連邦政府と州レベル、双方で様々な制度構築や厳格な法の執行が段階的に行われ、最終的に、マフィアは合法的な個人や上場企業にカジノを売却し、撤退することになる。ラスベガスの新たな建設ラッシュと相まって、カジノ自体の健全化が促進された。

このクリーンなラスベガスの誕生に一役買ったのが、20世紀を代表する大富豪となったハワード・ヒューズだ。当時の彼はすでにハリウッドでの映画製作業、さらには航空業で大成功を収め、巨万の富を築いていた。飛行家のチャールズ・リンドバーグが技術顧問を務めていた航空会社ＴＷＡも買収していたが、１９６６年にこれを売却。5億ドルのキャッシュを手に、彼はラスベガスに姿を現す。

当時、カジノとともに成長してきたこの街はひとつの停滞期を迎えていた。一部の施設では、かつての人気エンターテイナーのショーが行われ、彼らの再生を図る場となっていたが、つまりは「終わったコンテンツ」の街になりつつあったのだ。

こんな逸話がある。ヒューズは、ホテル「デザート・イン」の最上階に長期滞在していたが、「ハイローラーのために部屋を空けてほしい」とホテルから要請を受けると、電話一本で逆にホテルごと買収し、あっという間にオーナーとなってしまった。

5億ドルの税金対策として、航空会社や空港、テレビ局、鉱山まで買収していった彼は、これを機にラスベガスのホテルも次々に買収していくことになる。件の最上階スイートルームから電話の指示で買収を繰り返し、たった1年でラスベガスのカジノホテルの4分の1を手に入れる勢いだったという。

ネバダ州政府が独占禁止法を施行するまでの約4年で、彼は経済誌の世界長者番付1位となっている。

ヒューズは政治家のコネを使い、ネバダ州のゲーミング委員会にも働きかけ、1961年にはカジノライセンス法を改正させた。それまでは、企業がライセンス申請を行う際には、その株主全員にライセンス取得を義務づけていた。これを、10%以上の有効発行済み株式を保持する株主のみを支配権のある所有者としてライセンス取得の対象とし、それ以外の一般株主のライセンス取得を免除したのだ。

大手上場企業の参入が可能になったこの法改正以降、マフィアとは無縁のヒルトンやマリオットなどの大手ホテルチェーンもまた、次々とラスベガスに乗り込み、カジノホテルの経営を始めた。既存の他のホテルの経営者も次々とマフィアと手を切り、健全経営となっていった。同時に、政府のマフィア撲滅運動によってマフィアは金儲けがやりにくくなり、ラスベガスのカジノを次々と放棄していくことになる。こうしてクリーンなラスベガスが誕生した。

ハワード・ヒューズの強引な経営手腕がなければ、ラスベガスはここまで急速に成長することはなかったかもしれない。

また、ハワード・ヒューズが最初にホテルを買収した１９６６年には、ラスベガスで最初のテーマパーク風メガリゾート「シーザーズ・パレス」も建設されている。ホテルチェーンのオーナー、ジェイ・サルノが手がけたこのホテルは、あのフラミンゴホテルが建つラスベガス・ストリップの交差点付近の一角にある。「古代ローマ帝国」をテーマとした重厚なつくりで、かつてはボクシングのタイトルマッチの開催が伝統的に行われてきた。

シーザーズ・パレスは、ラスベガスの現在のあり方につながるものであり、かつ、長い間ラスベガスナンバーワンのホテルとして、王者の地位に君臨してきた。このホテルのスイートルームは、映画『レインマン』で、トム・クルーズがダスティン・ホフマンにダンスを教えるシーンに登場していることでも有名だ。

現在に続く、健全なエンターテインメントの街・ラスベガスの礎は、この1960年代に築かれたと言っていいだろう。この後、大手企業がカジノ大規模投資を行うことで、ラスベガスの観光都市化は加速度的に進んでいく。1970年代には、カジノを始めとした観光産業がネバダ州最大の産業とまで成長することになる。

スティーブ・ウィンが築いた「世界最大のエンターテインメント・シティ」

1970年代から1980年代にラスベガスに建設された代表的大型リゾートは「MGMグランド」だ（1985年に売却されたため、この場所は今では「バリーズ」

となっている。2代目MGMは1993年に別の場所に開業)。ここはネバダの大富豪で、のちに「メガリゾートの父」と呼ばれるカーク・カーコリアンが建てた巨大スケールのホテルだが、施設整備に必要となる費用が計画当初の6倍以上となり、投資額は1億6000万ドルにまで膨れ上がった。

こうして莫大な投資が必要となるカジノ建設には、組織的な資金調達もまた必要となるため、マフィアではとても手に負えない状況になっていく。このような背景も手伝って、大企業やウォールストリートの投資家がカジノ産業に参入するようになる。ネバダ州ではカジノ規制のさらなる厳格化も進み、70年代末から80年代初期までの間にラスベガスのカジノ産業からマフィアはすべて淘汰され、完全にクリーンな街へと生まれ変わった。そしてここから先の80年代以降は、大企業や実業家がラスベガスを支配していくことになる。

ここでいよいよ登場するのが、「現在のラスベガスをつくった男」とも呼ばれるスティーブ・ウィンだ。彼の手によって、ラスベガスは家族で楽しめるエンターテインメントなカジノ・リゾートへと変貌を遂げていく。

ウィンがラスベガスにやって来たのは、ハワード・ヒューズがホテル買収を続けていた頃のことだ。ウィンの父親・マイクはメリーランドでビンゴホールを経営していたが、彼がまだペンシルバニア大学の学生だった時代に、20万ドルの負債を残して病死してしまう。

ところがウィンは非凡なる経営センスの持ち主で、父・マイクから継いだビンゴホールの経営と投資に着手すると、驚くほどのスピードで成功していく。しかしウィンの目には、ラスベガスへの進出しか見えていなかった。

実は、ウィンの父・マイクは、1950年代にラスベガスでビンゴホールの経営に乗り出したことがある。しかし、ダウンタウンのフレモント・ストリートに巨大なネオンサインが輝くカジノ「ゴールデンナゲット」が誕生し、客を奪われてしまう。マイクは家族を連れ、逃げるように古巣の東海岸へ戻ったが、父の挫折はウィンに大きなショックを与えたという。

父・マイクのビンゴホールがあった場所には「フロンティアホテル」があったが、ウィンは投資家たちを味方につけ、1966年には、父親が遺したつてを通じて「ラスベガス・フロンティアホテル」の株式の3％を取得する。その後、5％まで持ち株を増やしたが、株式を取得した数日後、待っていたのは、ハワード・ヒューズによるフロンティアホテルの買収だった。

破格の条件で売却し、ウィンは保有していた株価の10倍近い大金を手にすることになる。これを元手に、酒類販売会社を買い取り、3年後にそれを売却したウィンは、投資家から多額の資金を集め、ヒューズから1エーカーの土地を買い取る。これを、ラスベガス一のカジノとして君臨していた「シーザーズ・パレス」に転売し、約100万ドルの儲けを出したのだ。30歳の若さにして、ラスベガスの大物と渡り合った人物として、一躍地元メディアから注目を浴びることになった。


一方、ウィンはそれまでの間、父の雪辱を果たすべく、コツコツと「ゴールデンナゲット」の株を買い続けてきた。1973年には保有株が10％に到達。ここに、ラスベガスで最年少のカジノオーナーが誕生することになる。

ウィンの経営手腕により、ゴールデンナゲットの売り上げは倍増し、1977年にホテルを増設することにも成功した。これと同じ年、東海岸のニュージャージー州アトランティックシティで、カジノ導入が決定するが、ウィンはすかさず市場に参入し、

「アトランティックシティ・ゴールデンナゲット」をオープンする。初年度の売り上げは、1億8320万ドルに達し、大成功を収めることになった。

のちに「ラスベガスのカジノ王」と呼ばれるウィンの伝説は、1989年に開業した「ザ・ミラージュ」から本格化する。

南国の楽園をテーマにしたこのホテルでは、表通りのラスベガス・ストリップに面した場所にする高さ16メートルの人工火山が15分に一度、大噴火するショーを行い、誰でも無料で見ることができるようにした。その仕掛けは、ウィン自らがデザインし、3000万ドルを投じているという。

また、人工の珊瑚礁の中をイルカが泳ぐ環境を1400万ドルをかけてつくり上げたが、当局からイルカの飼育許可を得るまでには、5年がかりの綿密なロビー活動を要したという。熱帯の草木に囲まれ、約9464立方メートルの水が巡るこのドルフィンハビタットは、教育研究施設となっている。さらに、その奥にはトラ、ライオンなどの飼育施設もつくった。また、開業翌年には、大規模なイリュージョンで知られるジークフリード&ロイのショーもスタートさせた。

従来のラスベガスとは別次元といえるこのエキサイティングなテーマパークとともに、ハイレベルなレストランやショップ、快適な客室やサービスを提供し、ザ・ミラージュは世界中の話題をさらう存在となる。また、6億3000万ドルを投じたこの事業では、5億3000万ドルが直接資本市場からのジャンク・ボンドによって起債されたということでも、ウィンはその名を馳せることになる。

ラスベガスの街もまた、ザ・ミラージュの登場によって大きく変化していく。それまでの20年間、目立った投資をするホテルはなく、お客たちはダウンタウンのカジノに流れ、ラスベガス・ストリップはすたれかけていた。いや、ラスベガスそのものが低迷していたのだ。しかし、ザ・ミラージュの火山を見たいがために人々が詰めかけるようになり、人の流れが大きく変わった。

それまでのカジノホテルは、自分のお客は自分のところにプールするのが常識だった。しかし、ザ・ミラージュの登場によって、宿泊や買い物、レストランにショーなど、客に複数のホテルを行き来させて街全体を潤わせていく新たな方程式が、ここに出来上がることになる。

1993年、ウィンはザ・ミラージュの隣に、海賊船をイメージしたホテル「トレジャー・アイランド」をオープンする。本書の「はじめに」に記したように、このオープニングを見た僕は、ラスベガスが変わっていくのを強く感じていた。

4億3000万ドルを投じたこのホテルでは、海賊船と英国海軍が戦い、本物の帆船が火柱を上げて海に沈んでいくショー「バッカニア湾の戦い」を、誰でも無料で見ることができるようにした。

また、同時に、ラスベガスで初めてカナダ発のサーカス集団「シルク・ドゥ・ソレイユ」による「ミスティア」も誘致し、これ以降、「シルク・ドゥ・ソレイユ」は世界的に名を馳せることになる。そして同じ年には、エジプトをテーマにした巨大なピラミッド型ホテルの「ルクソール」（投資額3億7000万ドル）が登場する。

ザ・ミラージュのオープン以降は、まるで無料のテーマパークのようなド派手な施設が続々とオープンし、中世の英国をテーマにした「エクスカリバー」（投資額2億9000万ドル）、マンハッタンの街を模した「ニューヨーク・ニューヨーク」（投資額3億ドル）、凱旋門やエッフェル塔をシンボルにした「パリス」などがラスベガス・ストリップに続々と建っていく。

この頃のラスベガスにはもう、マフィアのイメージはなくなり、「無料のテーマパークの街」「世界最大のエンターテインメント・シティ」と呼ばれるようになる。

事実、ザ・ミラージュ開業からの10年で旅行者数は倍増した。ラスベガスを新しくつくり替えたスティーブ・ウィンは、伝説の男となったのだ。

シェルドン・アデルソンが切り開いた「ビジネスとメガカジノ・リゾートの街」

ウィンが生み出したラスベガスの第1次ブームが過ぎたのちも、巨大なメガリゾート建設ラッシュは続いていくが、1990年代以降、その性格は変わっていく。

90年代後半に入ると、「ファミリー相手だけでは商売にならない」と考えるカジノホテルが増え始め、ファミリー路線が見直されることになる。無料・格安料金で提供していた子供向けアトラクション施設も、次々と縮小もしくは閉鎖に追い込まれたものもあった。

それに代わって増えていったのが、ナイトクラブや高級ショッピングモール、世界の有名シェフによる高級レストラン、高層コンドミニアムなどを併設するホテルだ。大人向けの高級エンターテインメント・シティ路線が主流になり、そうした施設の新設や改築工事が進められている。

さて、ここにもうひとり、今日のＩＲ施設が誕生するために必要不可欠な人物、シェルドン・アデルソンが登場する。

アデルソンはボストンの貧しい家庭に生まれたが、12歳ですでに最初の起業として日用品・洗面用品を販売し、叔父から借りた２００ドルで新聞を販売するライセンスも取得していたという。軍隊退役後は、ウォールストリートの裁判所で働いたのち、不動産投資ブローカーとして成功。最初の富を築いたものの、持っていた株が暴落し、財産を失うことになる。その後、様々なビジネスに挑戦したのち、１９７０年代にボストンで不動産投資ビジネスに乗り出す。ここでも彼は成功するが、コンドミニアム市場の暴落で再びどん底へ落ちる。

どうにか生計を立てるため、彼は『データ・コミュニケーションズ・ユーザー』というコンピュータ雑誌を買収し、そこで始めたテレビ番組が少しずつ人気となった。

この経験を生かして、コンピュータの番組に特化した「インターフェース・グループ」という会社を設立したことが、現在に繋がってくる。のちに「IRの父」と呼ばれるアデルソンの成功のはじまりは、コンピュータ産業なのである。

1979年、アデルソンはCOMDEXという会社を立ち上げ、ネバダ州ラスベガスのリゾートホテルのひとつ、MGMグランドホテルで社名を冠したCOMDEXというコンベンションを開始する。出展企業数157社、来場者数3900人という規模で第1回はスタートした。このタイミングが見事で、世の中はまさにパーソナル・コンピュータに大きな注目が集まる時期だった。

「はじめに」でも述べたように、IBMやアップル、マイクロソフトなどが急成長をする中、COMDEXもまたその規模を年々拡大していく。ついには出展企業数2000社以上、来場者数20万人以上という世界最大規模のコンベンションにまで成長した。

COMDEXの経済波及効果は、単体のコンベンションとしては世界最大といわれている。その理由は、参加者のほとんどが航空機を使ってラスベガス入りするため、交通機関から宿泊施設、さらに外食産業まで巨額の金が動くからだ。同時に、その多くは会社の経費で参加しているため、１９８０年代から90年代にラスベガスの上得意であった家族連れよりもさらに大きくカネを落としていった。

また、２０００社を超える出展企業の出展ブース建設や印刷物の作製から、通訳業、コンパニオン業、飛行船のアドバルーン業、さらには国際電話の急増した通信業界まで、〝ＣＯＭＤＥＸ特需〟がラスベガス経済に及ぼした効果は計り知れない。

アデルソンがホテル経営に乗り出すのは、１９８０年代の終盤だ。ＣＯＭＤＥＸの経済効果に発想を得て、コンベンションタイプのデスティネーションリゾート（宿泊施設と展示会場や各種レジャー施設を含む滞在型総合レジャー施設）の構想を立て始めた。そして、１９９５年にソフトバンクの孫正義氏に約9億ドルでＣＯＭＤＥＸ社を売却する。これが、アデルソンが今につながるホテル構想を実現するための資金となった。ＩＲ誕生前夜である。

１９８８年、すでにアデルソンはラスベガス・ストリップにある「サンズ・ホテル・アンド・カジノ」を1億２８００万ドルで買収していたが、ＣＯＭＤＥＸの売却資金を元手にこのホテルを取り壊し、1999年に、コンベンションセンターやショッピングモール、そして巨大なカジノなどを併設したホテル「ベネツィアン」を誕生させる。

イタリアのベネツィアをテーマとしたこの施設は、サン・マルコ広場やドゥカーレ宮殿などの実物大のレプリカを特徴的なシンボルとし、ゴンドラの船頭が歌いながら行き来する人工の運河もつくられた。投資総額は15億ドルにものぼった。

一見、スティーブ・ウィンが生み出したテーマパーク型のカジノ施設のように見える。だが、それは似て非なるものだった。ＣＯＭＤＥＸをはじめとする各種イベントでビジネスマンを誘引することがアデルソンの目的なので、各客室にビジネスに対応する多様な設備を導入したことでもわかる。

多くのラスベガスのホテルが、冷蔵庫すらない殺風景な部屋なのに対し、ファクスやコピー機、プリンタ、２本の電話回線、専用ファクス回線、さらにラップトップ・コンピュータの保管庫もあり、ホテル内の至るところにケーブルが引かれている。国際会議などの参加者は、客室と会議場ブースをつなぐ専用の仮想ＬＡＮ構築も可能だ。

また、予約客はフロントまで行かなくても、無線装置を通じてスタッフにチェックインを代行してもらうこともできる。出発時間になったら、テレビのシステムを通じてチェックアウトし、即座にファクスで領収書を受け取る方法まで取れる。まさにビジネスマンにフォーカスを合わせた、他に類を見ない複合施設だった。

こうしてアデルソンの手によって、２０００年以降には、それまでのカジノとは一線を画す集客のメインストリームとなるもうひとつの路線、コンベンションセンターを併設するＩＲ型施設が生まれたのである。

現在のラスベガスには、「ラスベガス・コンベンションセンター」「サンズ・エキスポ」「マンダレイベイ・コンベンションセンター」「ワールドマーケットセンター」などの巨大ＭＩＣＥ施設に加え、各ホテル内の大型ボールルームなどもあり、その総床面積は世界最大となっている。また、今後もさらに複数の大型コンベンション施設の新設も計画されている。

第３章で、「アメリカは世界において国際会議開催件数ナンバーワン」と紹介しているが、アデルソンの先見の明が、その新たな時代を切り開いたと言えるだろう。それは、大型ビジネスコンベンションや国際会議が一年中、３６５日開催されるわけではないことに起因する。

巨大なコンベンションセンターをつくったはいいが、空いている日ばかりだったら、運営が苦しくなってしまう。それをカジノ産業が穴埋めすることで、世界のどこにもない魅力的なコンベンションセンターの運営が可能となる。現在、ラスベガスのホテルの宿泊価格は、大型コンベンション開催日と何もない日では、3倍から10倍以上の開きがある。

ラスベガスの強みは、宿泊施設とコンベンション施設の距離が非常に近い点にある。無料バスが主要ホテルを巡回し、空港も市内からわずか15分の距離にある交通の利便性や、他にはないショーや施設のおかげで人も集まりやすい。それが地域経済に貢献するという好循環につながるため、ラスベガス観光局のコンベンション誘致活動の予算は世界一といわれている。

2000年代には、ラスベガスに巨大なメガリゾートが続々と誕生していった。2005年のスティーブ・ウィンによる「ウィン・リゾート」（投資額27億ドル）、2006年にその新館としてつくられた「アンコール」（投資額23億ドル）が筆頭だ。

２００９年のＭＧＭによる「シティ・センター」は総投資額87億ドルにまで達した。この先も、ゲンティン・グループによる「リゾート・ワールド・ラスベガス」が２０１８年に開業予定で（総投資額40億ドルを予定）、さらにオーストラリアの投資家が計画中の巨大リゾートも２０１８年にオープン予定だ。

こうしたメガカジノ・リゾートとコンベンション施設が集積しているラスベガスだが、ラスベガスのストリップ地区を対象とした調査の公開データによれば、企業のゲーミング（カジノ）収入と非ゲーミング（カジノ外の宿泊、飲食、物品販売等）収入の比率は、１９９０年にはカジノが58％、カジノ外が42％だったが、１９９８年に逆転し、２０１１年時点ではカジノが38％、カジノ外が62％となっている。

アデルソンの睨んだ通り、金払いのいいエグゼクティブなビジネスマンを効率的に集客することで、すべての消費のシナジーが生じたのだ。

第３章に記したように、ラスベガスへの訪問者は、２０１４年に４１１２万人と、初めて４０００万人台に達し、２０１５年には４２００万人超とさらに過去最高を更新している。ラスベガスはＩＲ施設によって、再び王者としての力を取り戻しつつある。

大型ＩＲ・レイクラスベガスの転落

「レイクラスベガス」は、ラスベガスの中心街から直線距離で東へ約25キロメートル、ラスベガス・ストリップから車で30分ほどの場所にある。砂漠地帯に開発された広大なリゾートで、そこには高級別荘地もあり、人気歌手のセリーヌ・ディオンもかつて居を構えていた。

90年代末、砂漠の中に誕生したこの人工都市は、５０００億円ほどを投じられて完成し、約１３０万平方メートルの人造湖を中心にホテル、カジノ、ゴルフコース、ショッピング街、レストラン、別荘などの住宅が並び、ひとつの街を形成している。

全体の敷地面積は１５００万平方メートルで、日本の小規模な都市よりも大きく、さすがはアメリカのスケール感だ。街づくり全体のテーマは「イタリア」であり、建造物や各種デザインもイタリア風。佇まいだけを見れば、イタリアそのものといったエリアも少なくないが、実際のイタリアよりきれいすぎる、と個人的には感じた。

敷地面積も投資した金額も桁違いのこの都市開発は、21世紀に向けた新しいモデルとして、建設、土木、不動産、ゴルフ業界など世界中の業界関係者から注目を集め、多くの視察ツアーも組まれたほどだった。日本の旅行代理店ではこの地域を訪れる一般客向けのパッケージツアーも販売されていた。

活況を呈していた2000年から2005年ごろまでの間は、カジノ施設を擁する「ハイアットリージェンシー」や、地中海風リゾートホテルをイメージした「リッツ・カールトン」といった高級ホテルが立ち並び、「リフレクションベイ」「フォールズ」「サウスショア」という3つの高級ゴルフコースもあった。また、「モンテラーゴ・ビレッジ・リゾート」というリゾート施設もあり、湖のほとりには、ショップやレストラン、野外コンサート会場、そしてカジノ施設が並び、高級感のある総合リゾート施設として注目を集めた。

湖畔沿いにリゾート内を一周しているレイクラスベガス・パークウェイを歩けば、そこには豪邸街が続き、当時、シーザーズ・パレスとコンサートの独占契約を結んでいたセリーヌ・ディオンの豪邸もここにあった。彼女のような、いわゆるハリウッドセレブリティも住む高級住宅街として注目されるようになると、ラスベガス一帯で最も不動産価格が高い高級エリアとして投機の対象となり、不動産バブルが訪れる。

しかし、その栄華は長くは続かず、リーマン・ショックの煽りで、この閑静なリゾートを不況の波が直撃する。不動産購入者はもちろんのこと、訪問者までも激減し、2010年までにリッツ・カールトン、リフレクションベイ、フォールズ、モンテラーゴが次々と廃業に追い込まれていくことになる。

さらに、その後も度重なる不景気の影響でモンテラーゴのビレッジ内からは店舗が立ち退き、隣接していたハイアットリージェンシーのホテルやカジノも廃業することになった。開業当初から変わらずに残っているのはサウスショアのみだ。美しく整備された無人の街並みには、栄枯盛衰の物悲しさが漂っている。まさに、本物のイタリアらしくなったのは、実に皮肉なことである。

また、地域全体の経営母体も倒産し、バブル崩壊におけるリゾート開発の失敗例となった。多くの住民はそのまま生活し続けているが、世界中から観光客が集まるような場所ではなくなってしまったことは事実で、もはや観光地としての存在感はほとんどない。

とはいえ、2011年春にはほんの少しばかり明るい兆しが見えてくる。閉鎖したリッツカールトンのあとを引き継ぎ、ホテルを再開させる会社が現れたのだ。このホテルは「ラヴェラ」という名前で営業を開始し、同年5月には、モンテラーゴも新たな組織のもとで営業を再開している。

これがレイクラスベガス復活のカンフル剤になるとはとても思えないが、閉鎖中のゴルフコースも新たな買い手が現れるなどのよいニュースもある。見通しは少しずつ明るくなってきているようだが、買い手の多くは中国系などのファンドである。

レイクラスベガスはもともとゴルフリゾートの性格が強いため、その復活の行方もゴルフコースの活用にかかっているといえるだろう。観光客にとっては、ゴルフのついでに宿泊やカジノを利用することはあっても、その逆はまずない。

閑散としたこの状態は、「ゴルフありき」のリゾートとしてその魅力を高めない限りは変わらない。とはいえ、閉鎖中の現在も定期的にメンテナンスが行われているので、リフレクションベイとフォールズの営業再開次第では状況が大きく変わる可能性もあるのだが、本質的には中国をはじめとする世界的な景気次第だと僕は見ている。

また、現在オープンしているサウスショアは原則メンバーコースのため、日本人観光客が現在レイクラスベガスを訪れる理由はあまり見当たらないのだ。

しかし、もしモンテラーゴのカジノを目的とするなら、訪れた人はその規模の小ささにがっかりするはずだ。ディーラーを相手にするテーブルゲーム、つまりブラックジャック、ルーレット、バカラ、クラップスなどがないのだ。マシン相手ならブラックジャックも楽しめるが、ラスベガスのカジノのイメージとはあまりにもかけ離れている。

集客が伸びればテーブルゲームも再び導入されるとの見通しもあるが、現状はすべてマシンゲームのため、わざわざ出かけていくには魅力に乏しい。もしもゴルフ場が賑わえば、またいつかテーブルゲームを楽しめる社交場となる日も来るのかもしれない。ＩＲは、必ず成功するとは限らない。センスのよい企画を立案し、よい客を呼び込むことができなければ、どんなに予算を投じても失敗する。レイクラスベガスは、それを教えてくれている。

近隣州のカジノ乱立の影響で倒産が相次ぐアトランティックシティ

アトランティックシティは、アメリカ東海岸ニュージャージー州の南にある。ニューヨークから車で2時間半ほどの観光都市であり、その大きな特徴は、1977年にカジノが導入され、ラスベガスに次いで全米第2位を誇るカジノ都市へと急成長したことだ。若かりし日のスティーブ・ウィンも、アトランティックシティ・ゴールデンナゲットをオープンさせている。ボードゲーム「モノポリー」の盤面になったり、かつてはTVドラマ『ボードウォーク・エンパイア 欲望の街』の舞台にもなっていた。

フィラデルフィアなどの大都市からのアクセスもよく、1900年代初頭には高級海岸リゾート地として栄えたが、時代の中で衰退していくことになる。

そこで手を出したのがカジノだ。もともとカジノがあり、そこから観光地へと発展したラスベガスとは違い、観光再興を目指し、かつ、観光収入を増やす目的で開発に取り掛かったのだ。

第1号のカジノがオープンしたのは1978年。そこから長いこと、12のカジノの独占営業が続いていた。2006年までアトランティックシティのカジノの売り上げは毎年増加してきており、この年の数字を見ると52億ドルもの売り上げがあった。

しかし、これを境に2007年以降カジノの売り上げは減少し続ける。2013年の売り上げは28・6億ドルと2006年の売り上げと比べて約40％近く減少している。また、訪問者数においても、2003年には年間約3220万人だったが、2013年には約2670万人と、10年前に比べて約550万人も減少したのだ。

2014年になると、「アトランティック・クラブ」「ショーボート」「トランププラザ」など、5つのカジノが経営破綻し閉鎖された。この街で最も大型のリゾートホテル、「レベル・カジノホテル」も経営は厳しく、2回の破産手続きを経て、2014年9月に閉鎖した。これによってアトランティックシティでは3000人の雇用が失われることになる。

ラスベガスに次ぐ規模のカジノ施設を持つアトランティックシティだが、なぜこれほどの苦境に立たされているのだろうか？

不況の影響やマフィアを完全に排除できなかったことも大きいと言われているが、なにより周辺でのカジノ乱立による客の食い合いが起きているのが最大の原因だ。

近隣にある州、ペンシルバニア、メリーランド、ニューヨークやウエストバージニアが次々とカジノを公認し、新たなコンセプトを持った施設がオープン。知恵を絞り、工夫をこらす新しいカジノの波に対し、長年独占の上にあぐらをかいてきたアトランティックシティは、客に見放されることになる。

また、ニューヨークでは、新たなカジノ建設の計画も持ち上がっており、今後さらに競争は激化するだろう。カジノホテルがどんどん閉鎖すれば、ニュージャージー州の税収入も大きく減ることになるのは言うまでもない。カジノの税率9・25％のうち、8％は州政府の懐に入るのだから。相次ぐカジノの閉鎖は、州の財政を脅かす大きな問題となっているのが現状だ。

アメリカでは、カジノは各州の管轄下にある。ニュージャージー州では、1976年の住民投票によってカジノが公認され、1978年に最初のカジノがオープンした。本家ネバダ州では、州の機関から免許を交付されれば州内のどこでもカジノ経営ができきるが、ニュージャージー州では場所をアトランティックシティに限定し、免許件数も限定してきたために独占が続いていた。しかし、問題は州内だけでなく、州外にも競合施設が誕生したことである。例えば州境近くに他の州がカジノを出せば、付近に住む人々はより楽しいほうへ向かうのは間違いない。これは州だけでコントロールできる話ではないし、時代は必ず移り変わる。

現在、フロリダの不動産開発業者ポロ・ノースカントリー・クラブのオーナーであるグレン・ストラウブ氏がレベル・カジノを買い取る形でカジノ施設を再開業する考えを2015年に示している。ストラウブ氏はアトランティックシティを3カ年計画で再生させる〝フェニックス・プロジェクト〟を明らかにした。5億ドルを投資し、スポーツ複合施設、マリーナ、乗馬施設、ウォーターパーク、大学、そしてニューヨーク市マンハッタンと結ぶ高速フェリーやヘリコプターを整備する予定だという。彼はレベル・カジノに続いて、ショーボートの買収も行っているが、大規模な施設をつくることで再び観光客を取り戻そうという考えだろう。成否はまだわからない。

また、著名投資家のカール・アイカーン氏は、アトランティックシティに破産申請していたもうひとつの大型施設、「トランプタージマハル」を獲得した。これを再建するために約1億ドル（約100億円）を投じたが、直近でも月間数百万ドルの損失があるとして、2016年9月以降に閉鎖する方針を発表している。

低所得者層を取り込むニューヨーク州のカジノ施設計画

2013年11月、ニューヨーク州で住民投票が行われ、既存の9つのギャンブル施設に加え、新たに7つのカジノの建設が承認された。ニューヨーク州には、世界有数の大都市・ニューヨーク市があり、アメリカの観光事業を牽引する東部経済の中心州でもある。

かつてはラスベガスのような商業的カジノ施設の営業は認められていなかったが、2013年にようやく州憲法を変え、住民投票を経て「2013年ニューヨーク州北部ゲーミング経済開発法」が成立した。

もちろん、ニューヨークばかりでなく、近年、他の23州でもアメリカ先住民のビジネス保護目的のカジノとは違う、商業的カジノの導入が行われている。２００８年のリーマン・ショック以降、アメリカ全体の経済不況は続き、多くの州は経済低迷や税収不足、歳入欠陥の悪循環を続けている。税収を上げられるものなら、どこの州だって大歓迎なのだろう。何しろ、今までカジノのような賭博行為とはほぼ無縁だったはずの保守的な東部諸州を中心に、新たにゲーミング・カジノやさまざまな商業的賭博行為を認めようとしているのだから。ここにアメリカの事情がうかがえる。

また、ゲーミング業界の新たなムーブメントとして、所構わず誰でも気軽にゲーミング機械に触れられるようになってきたことも大きい。

まず、〝レイシーノ〟が挙げられる。これはレースとカジノを合わせた造語で、競馬場などの既存の賭博場の空きスペースを活用し、スロットマシンやオンラインでベットできる電子式のゲームをかなりの規模で設置する。また、日本におけるパチンコ店と似たもので、スロット・カジノ、ＶＬＴ（ビデオ・ロッテリー・ターミナル）パーラーと呼ばれる電子式ギャンブルマシンのみを設置した施設も登場している。

イリノイ州で試みられているコンビニエンス・スロットはさらにタチが悪く、市内のバーなど数千もの集客施設に、一軒当たり5台程度のＶＬＴを設置できる。はっきり言えば、街のそこかしこにパチンコの遊戯台を設置するようなものだ。

ペンシルバニア、デラウェア、ウェストバージニア、メリーランドでは、スロットカジノやレイシーノにもテーブルゲームを設置してもＯＫとしてしまった。これでは、カジノとなんら変わりはしない。そして、フロリダ、マサチューセッツ、ニューハンプシャーなどの州に至っては、新たに本格的な陸上設置型カジノ施設を認めるという動きにまでつながっている。

これまでは一部の特定の場所にしか存在しなかったスロットマシンやＶＬＴなどの賭博機器だが、このように人口が比較的に密集している東部諸州の大都市近郊に大量に設置されるようになってきている。もはや、低所得者をギャンブル依存症に育て上げるための仕組みのようなもので、このあたりに、アメリカ社会がかなり疲弊していることが理解できる。

ニューヨーク郊外のアクダクト競馬場にオープンした「リゾート・ワールド・カジノ」は、現時点ではビデオスロットマシン４５００台と電子テーブルゲーム台５００台しか装備していない。にもかかわらず、その売り上げはすでに１３００万ドルに達していくのだ。この調子で伸びていけば、競馬場の売り上げも合わせると年間6億7600万ドル、つまり州の教育費の44％に相当する金額を州政府は手にすることができる。現在、ニューヨーク州には、5つの先住民カジノ、9つのレイシーノがあるが、市場規模（GGR）はすでに30億ドルとなっている巨大産業だ。

一方、こうしたカジノ解禁の流れを、「インディアンカジノ（先住民カジノ）に収益減の悪影響を与える」として反対を唱える団体もある。アメリカ先住民族のネイティブ・アメリカンは、居留地に住んでいる場合と、居留地以外に住んでいる場合がある。この「インディアンカジノ」は、居留地に住んでいる彼らが居留地の中で特別ライセンスを得て行う、独占的ビジネスだ。

彼らの住む居留地自体が法人のような形になってカジノを運営するため、一般的なカジノとは許可や権限、税金などの仕組みが違う。また、このビジネスが彼らにとって重要な現金収入と就職先になっている。

また、その収益の一部は支援団体の運営資金やネイティブ・アメリカンのための住宅プロジェクトに使われ、貧困脱却のための手段ともいわれている。このまま、なし崩し的にカジノが大きく解禁されれば、彼らの生活そのものが脅かされる可能性もある。だが、そうも言っていられない各州の懐事情があるのだろう。

廃墟を最大限に生かした アレンタウン・ベツレヘムのIR

アメリカの東部諸州でカジノが乱立する中、大きな希望となっているのがベツレヘムの成功例だ。ペンシルバニア州における第3の都市とされるアレンタウンの東に隣接し、市域はリーハイ郡とノーサンプトン郡にまたがる。

人口約7万5000人のこの都市の始まりは、1741年のクリスマスイブだ。キリスト教モラヴィアン派の宣教師たちが宗教コミュニティを設立し、イエス・キリストの生まれた町・ベツレヘムと同じ名前がつけられたという。もともとは宗教都市として誕生しており、クリスマスシティとも呼ばれ、世界有数のホリデーマーケットなども開催されている。

この街が都市としての成長を遂げるのは、製鉄会社ベツレヘム・スティールが、溶鉱炉による生産を始めた1860年代以降のこと。アメリカの産業革命とともに成長を続け、ベツレヘム・スティールは、USスティールに次ぐ全米第2位の規模を誇るまでになる。

20世紀の好景気とパワーの象徴だったマンハッタンの摩天楼の鉄骨をつくる鉄鋼業の街として大きく発展を遂げ、エンパイアステートビルディングをはじめ、文字通り「ニューヨークの屋台骨」を担ってきた。そして、アメリカの産業革命のシンボルとまで言われるようになった。

だが、80年代以降は、日本などの後発の工業国が台頭し、安価な海外からの鉄鋼が登場したことで市場を奪われ、産業も街も徐々に疲弊していくことになる。

このベツレヘムが凋落するさまは、ビリー・ジョエルの名曲「アレンタウン」にも歌われた。第2次世界大戦後の好景気から一転し、1980年代に無職の人々であふれかえる地域の日常が綴られている。

そして2001年、ベツレヘム・スティールは、世界競争と鋼鉄価格の下落に苦しみ、ついに破綻することになってしまう。

だが、話はここで終わらない。２００９年、廃墟となった工場を解体しないまま、地域一帯がＩＲ「サンズ・ベツレヘム」として再始動したのである。

注目すべきは、いまだかつてない斬新さだ。一般にＩＲといえば、シンガポールのマリーナベイ・サンズのようなカジノを含んだ近代的な施設をイメージするだろう。最新建築の高層ビル群とエンターテインメント施設が並び、そこには数億円から数十億円規模の莫大な投資がされている。

しかし、「サンズ・ベツレヘム」が陣取る跡地は、まったく違っていた。本書扉の写真はその外観だが、窓ガラスが割れ、朽ちかかった工場跡を、まるで最近発掘された遺跡のように保存し、その一角にホテルとカジノを開業したのである。

この街の4分の1程度は工業地帯であり、サンズがやって来るまではすべて荒涼とした廃墟のままだった。こうした巨大工場の廃墟を古代ギリシャの神殿のような歴史的遺産と捉え、廃墟の周辺に歩行者用ゾーンを設置し、完全に観光地化しているのだ。

端から端まで歩けば30分ほどの観光ゾーンの要所には、「鉄がどう作られていたか」

などをガイドする看板も設けられ、スーベニアショップではかつてのベツレヘム・スティールによるノベルティ製品なども販売されていた。

まるでスチームパンクの世界観をそのまま現実化したような印象で、僕はそのセンスの素晴らしさに圧倒された。

またこの街では、毎年夏に全米最大の無料屋外音楽フェスも開催している。

1984年から、毎年8月の1週目にベツレヘムでミュージックフェストという音楽祭が行われてきていたが、現在では、3週間もの長期にわたって開催され、数多くの有名アーティストが出演している。ZZトップのようなクラシック・ロックからダンス系DJまで幅広い音楽ジャンルで展開されており、100万人もの参加者が集まるほどの規模になっている。

会場のそこかしこに、サンズの赤いスポンサード広告が見受けられる。サンズ・ベツレヘムが後援に乗り出して以降、その規模はさらに大きなものとなり、いまや全米最大の音楽フェスになった。しかもこのフェスは、無料なのだ。

このフェスのメイン会場は、やはり廃墟となった巨大工場を背景としている。まるでマンガ『ＡＫＩＲＡ』や、映画『マッドマックス』シリーズのような様相だ。ズバリ、カッコいい。週末やホリデーシーズンに、わざわざニューヨークから訪れる人たちが後を絶たないほどの人気だ。

ライブが終わればカジノに出かける人もいるが、僕の見た限りでは、ギャンブルに興じていたのはほとんど中国人観光客だった。この街はニューヨークから車で1時間半の場所にあるが、実はチャイナタウンからの直行バスが一日に何便も出ている。

つまりは、こういうことだ。ギャンブル好きの中国人からカジノで巻き上げたその金で、無料ライブを毎夜開催し、多くの人をここに集めて、地域は活性化に成功したのだ。

カジノという収益性の高い施設があるからこそ、他にはない投資サイクルができる仕組みといえるだろう。人は、賑わっている場所に行きたいものだ。

実際、ベツレヘム・サンズはオープンからわずか数年で、世界中でカジノを運営するサンズグループのなかでも、もっとも業績を伸ばすまでに成長した。今や人口7万5000人の街に、数十倍もの人たちが訪れるようになって、街は完全に息を吹き返したのだ。

日本にも廃墟となった工場地帯を抱えたままの地方都市は多くある。だが、ベツレヘムはそうした負の遺産を逆手に取り、サンズの力を借りて地方創生に成功したのだ。

このアイデアとセンス、日本の地方都市でサンプリングできないだろうか？

２０２０年に開催される東京オリンピックに向け、国立競技場の建て替えが注目を集めたが、僕が思うに、人々を惹きつけるのは近代的な新しい建物ばかりではない。日本では多数の施設においてスクラップ＆ビルドが繰り返されてきたが、新しい建物の建設を求めているのは、一般の人々ではなく、利権に絡んだ人々なのだ。

そして、古き良き建物に流れる「かつての時間」は、一度建物を壊してしまえば、どんなにお金をかけても買い戻すことはできない。

日本でも２０１５年に長崎県の端島（軍艦島）が世界文化遺産に登録され、２００９年以降は一般向けの観光ツアーも実施されている。廃墟となった炭鉱の島を一目見たいという人々で人気を集めているのも事実だ。

スクラップ＆ビルド至上主義の日本であっても、数千年前の遺跡だけではなく、わずか数十年前の建物でも、そこに価値を見出すことはもちろん可能なのである。

サンズ・ベツレヘムのこのやり方は、国家が取り組む大都市観光型ＩＲ施策としては、いささか規模が小さい。しかし、巨額の費用を投じずとも、カジノを生かす発想力があれば、どんな地方都市でも成功できることを教えている。これこそが今後の地方創生に必要な「センス」であることは間違いないだろう。

第5章

世界のカジノから日本は何を学び、何を生かすべきなのか？

最も見習うべきは、「外国人による外国人のためのＩＲ施設」

ＩＲ戦略において重要なのは、やはり「センス」だ。

ただカジノを開業しさえすればうまくいく、というほど安易ではない。国家が巨額の投資をせずとも、どんな仕組みをつくり、エンジンとなるカジノをどう生かすかという発想次第で、成功にも失敗にも、いくらでも導くことができる。

これが、ただのカジノとは違うＩＲの本質である。その成功例は、シンガポールやすでに廃墟同然だったベツレヘムで証明済みで、失敗例はレイクラスベガスやアトランティックシティを見れば明らかだ。カジノはただのエンジンであり、それを使って何を行うのかという「センス」次第で、すべては大きく変わることになる。

世界のＩＲで最も成功したのは、ラスベガスを除けば第1章で述べた通り、シンガポールだ。日本と同じく島国であり、国土や人口の規模はとても小さい国ながら、政府や国民の徹底した危機意識と戦略性には目を見張るものがある。

日本は、いまだ経済大国の称号にあぐらをかいて変化を拒んでいる状況だが、本質的には資源の少ない小国であることはシンガポールと同様だと僕は思う。彼らが緻密に推し進めてきたサンプリング観光戦略を、小国・日本が取り入れるのは、何ら恥ずべきことではない。それに、そもそも論として、石原都知事のカジノ戦略を最初に実現に持っていったのは、認めたくなくとも彼ら、シンガポールなのだから。

シンガポールに見習うべき点は、第一に「外国人による外国人のためのＩＲ施設」をつくったことだ。

外国資本を導入し、外国人を楽しませ、自国民のカジノ入場は高額な入場料で規制する。国家も国民も労せず、痛まずして、利益の一部を頂戴する方法は取り入れるべき必須ポイントだろう。

そのかわり、アクセスなどは政府や自治体で完璧にフォローすることも学ぶべき点だ。もし、日本のどこかの地方都市にＩＲを誘致し、そこまでの地下鉄などのアクセスの建設費用をＩＲ企業に吐き出させようとするなら、その予算を使って、さらに目玉となるＩＲ施設をつくり上げたほうがいい。このあたりの都市経営センスは、最終的に求められることになるだろうし、シンガポールから学ぶべき点でもあるだろう。

一方、マカオは中国における人民元流出の締めつけがさらに厳しくなったことで衰退し、エンターテインメント・シティ化に向かった背景もあり、現在ではジャンケット規制の強化も進んでいる。日本でもジャンケット規制はもとより、それに類する人たちを近づけなくする強固な法整備は必要になるだろう。

フィリピンは自国民向けのカジノをつくったが、これは労働人口が爆発的に増えている人口ボーナスがあってこそ成立するものだ。同じく、フィリピンではマカオ方式のジャンケットシステムを導入したことで、財産を隠したい中国人富裕層もあわせて取り込みつつあるが、２０１６年に大統領に就任したドゥテルテ大統領が反腐敗対策の強化を推進し、マネーロンダリング防止法（Anti-Money Laundering Act of 2001）の改正案を下院に提出している。これにより、今まで規制の対象外であったカジノもそこに含まれることになる可能性は高い。

余談だが、約２４００名（２０１６年9月16日現在）の〝犯罪者〟を殺害し、かつ次々と彼らを投獄している大統領の国内での人気は非常に高い。これはフィリピンがいかに腐敗しているかを物語っている。だが、大統領がなによりもターゲットにしている覚醒剤の市場規模は、日本のほうが遥かに大きいという現実がある。

中国では今後も習近平主席による汚職官僚への取り締まりが進む方向なので、国際問題に発展しかねない財産隠しにやってくる一部の富裕層のみを取り込もうとする方法では先が見えていると言えそうだ。


では、日本はどうすべきなのだろうか。

世界的な流れから見れば、カジノに対する優遇税制は必須ではあるが、よりラスベガス的な一級のエンターテインメント施設をつくり、ビジネスマンやファミリーを取り込む方向に向かわねばならないのは間違いない。中国人の一般観光客はもちろん、今後ますます頭角を現してくるであろうインドや東南アジア全般からの観光客やビジネスマンを取り込むために、国に合わせた個別マーケティングも重要になるだろう。もし、ターゲットを自国民に、目的をマネーロンダリングにしないのならばだが。

もちろん、観光需要だけでなく、大都市では大型ＭＩＣＥ施設の導入も必須となる。第３章で取り上げた大型ＩＲ施設のないフランスでも、国際会議による観光収入は莫大なものとなっている。ビジネス・エグゼクティブの落とす金額はカジノだけでなく、その周辺を含めてファミリーよりも大きいことを忘れてはならない。

いうまでもなく、国際会議の誘致において最も重要なのは、いかにMICE施設の構造を徹底的に利便性の高いものにするか、にある。この点を考えると、IR運営を任せるべき企業は、限られてくるだろう。

シンガポール、マカオ、フィリピン以外のアジア各国のIR情勢

アジア各国では、シンガポールの成功に続けとばかりにIR構想を進めている。

例えば、ベトナムでは2004年以降にIR推進が行われ、2015年には8カ所目となる南部キエンザン省フーコック島のIR開発計画が承認されている。3万平方メートルの敷地に総投資額40億ドル（2016年10月現在、4000億円）を投資し、ゴルフコースや3000室の客室とカンファレンスセンター、自国民の入場も視野に入れたカジノの設置まで想定している。一昨年、僕自身も訪れて驚いたが、なにもな

いジャングルばかりの島に、今後5年で5スターのホテルを100軒建てるという。すでに、工事は着々と始まっている。

アジアにおいて欧米観光客人気ナンバーワンの観光名所は、カンボジアのアンコールワットだが、カンボジアではビーチリゾートの開発は行われていない。だが、そこからフーコック島への直行便を出すことに成功し、利便性を高めた。アンコールワットを観光し、フーコック島でのんびりする動線をいち早く構築したのだ。

ベトナム政府はフーコック島を2020年までに経済特区とし、年間観光客200万～300万人、観光収入約8億ドルを目指すとしている。


韓国についても、外国人専用カジノを中心とするIRが、仁川空港に隣接して開業する計画も明らかになっている。2014年に韓国のパラダイスグループと日本のセガサミーによる韓国国内初の合弁IR事業「パラダイスシティ」が着工。2017年には第1次オープンに向かう計画だ。

また、ゲンティン・シンガポールが参画する済州島の「神話歴史公園」プロジェクトや、Mohegan-KCC コンソーシアムの「インスパイア」、ロッテ観光開発＆中国緑地グループの「ドリームタワーカジノ複合リゾート」など、２０２０年までのオープンを目指す構想が次々に出ている。２０１６年９月の時点で、ラスベガス・サンズまでもが参入への積極姿勢を見せている。

一方、インドネシアでは、イスラム教徒が国民の９割近くを占めているため、ギャンブル全般が禁止されており、「ＩＲなどとんでもない」という考えが世間の大勢ではある。しかし、実はレンボンガン島に外国人向けのカジノを建設する話が水面下で進んでいる。

マレーシアもイスラム教国であるがゆえに、宗教的・政治的には「ギャンブル行為の促進は好ましくない」というスタンスのため、ゲンティン社の子会社、リゾート・ワールド社が運営するクアラルンプール近郊の「ゲンティン・ハイランド・リゾート」があるのみだ。

しかし、２０１３年末から10年間の長期投資計画では、約２７５０億円まで投資額を拡大し、２０３０年までには訪問客を３０００万人に拡大する計画がある。２０１５年６月には１３００室のホテル棟が開業した。今後は世界初のワールドクラスの21

世紀ＦＯＸのテーマパークやインドアテーマパーク、ショッピングモールなどを開発するという。

さらに台湾では、２００９年9月、リゾート施設内のカジノ建設については、地元住民による住民投票で認められることを条件に合法化されている。２０１２年には馬《ば》祖《そ》島における住民投票が行われ、ＩＲ誘致が賛成決議された。台湾の交通部の長官が「馬祖島に２０１７年にも台湾初のカジノが完成する見込みである」と語るまでに至ったが、ここで中国からのストップがかかる。「ＩＲ構想が実現するならば、中国政府はThree Small Links（中国・福建省と台湾の金門島、馬祖島の郵便、交通、通商を可能とする協定）を無効とする考えがある」と警告したのだ。

馬祖島は中国本土に近い島のため、富裕層が流れ込むことを懸念し、中国人旅行者の渡航禁止を先に匂わせたわけだ。２０１３年以降、ＩＲの法整備はストップすることになったが、しかし、台湾もやはりＩＲに可能性を見出しているのは事実である。

アジア各国は、シンガポールのポジションを虎視眈々と狙っている。このタイミングに大きく遅れを取れば、日本はＩＲ大国となり得る可能性をみすみす逃すことになるだろう。

英語力のレベルの低さが雇用におけるハードルになる

シンガポールが優れていると感じるのは、第１章で述べたように、国別の観光誘致プロモーションを行っている点で、このあたりはマルチカルチャー、マルチランゲージの国ならではの特性を生かしているわけだが、日本の場合はグローバル化が進む時代の中にあっても、依然として外国人とのコミュニケーションを苦手とするケースが多い。これは語学力をつけることももちろんだが、先方の文化を理解することに鍵があるように思う。

正直、クリエイティブなセンスについては、日本のほうが優れていると両国で仕事をする僕は実感しているが、戦略はシンガポールのほうが素晴らしいのも事実だ。ここには、学ぶべきものが多い。なにより、曖昧な「富裕層」なるものをターゲットにせず、もっと細分化したマーケティング・メソッドを確立している。

また、日本にはもてなしの文化があり、街中のファストフード店ですらホスピタリティもサービスレベルも高いが、いかんせん海外ゲストに対応できるだけの英語力すらない上に、そこまで先方は「おもてなし」を望んでいないことも多い。

こうした国際社会のセンスの問題は、IR施設においても大きく影響してくるはずで、どんなによい製品でも、パッケージのダメさがあまりに目立てば、魅力は半減してしまう。顧客はアジアを中心とした世界なのだから、早めに世界を理解する必要があるだろう。それが、最終的な成否につながる。


フィリピンが注目すべき国となっているのは、その英語力にある。政府自ら「英語を公用語としている国の中で、英語人口の多さは第3位」と自称しているが、正確な調査データは発見できない。しかし、米国カリフォルニア州ブリスベンにあるGlobal English社による調査では、この国は突出していた。これは、クライアント企業のグローバル拠点156カ国における10万8000人の従業員を対象としたビジネス英語スキルに関する調査結果だが、2012年度版の国別ランキングでは、フィリピンのスコアは7・11と世界第1位だ。ちなみに、日本のスコアは3・40と初級レベルに属し、韓国の5・24に大きく水をあけられ、アジア圏では最低水準にあるという体たらくである。

では、フィリピン人の英語教育には何らかの秘密があるのだろうか。実は、ほとんどのフィリピン人は小学校から大学まで、国語・歴史以外の授業を英語で受けている。その上、街中の看板や広告、選挙ポスターまでもがほぼ英語で表記され、アメリカ映画の上映は吹き替えも字幕もないものばかりだ。地域によってローカル言語がバラバラで、マニラ出身の人とセブ島出身の人が会話する手段は、英語しかないのだ。

マカオにはカジノビジネスを専門に学ぶ学校がある。唯一の公立総合大学であるマカオ大学には、カジノ研究所（コマーシャル・ゲーミング研究所）があり、ゲーミング専門の学士、修士、博士課程を備えている。

この研究所では、ゲーミング政策に関するモデルプランの策定や、政府や企業、団体へのコンサルティングなどを行っていて、ギャラクシー・エンターテインメント、メルコ・クラウン、MGMマカオ、ベネツィアン・マカオ、ウィン・マカオなど、マカオでカジノを運営する企業がスポンサーとして参加しており、各企業に対して従業員向けのトレーニングコースも用意している。

実は、マカオのカジノで雇用するのは、マカオ人のみという決まりがある。２００８年の時点でディーラーの平均給与は公務員の１・５倍。今ではさらに伸びているというのだから、マカオ人にとってカジノで働く者は成功者といえるだろう。

また、マカオのゲーミング産業による雇用者数は、現在も増加している。２０１４年６月から２０１６年５月まで24カ月連続で、月ごとのカジノ売り上げは前年割れしているが、新たな大型ＩＲ施設のオープンラッシュにより、人手が足りない状況だ。マカオ政府統計調査局が２０１６年６月に公表した最新の雇用統計によれば、２０１６年３～５月期の総体失業率は１・９％、不完全雇用率は０・５％となっている。

余談だが、カジノ税という豊富な財源を持つマカオ政府は、インフレ対策や富の還元を理由に、一般市民に対する現金配布を２００８年以降、毎年実施している。

減収を続けている２０１６年にも、永久居留権保有者には９０００パタカ（２０１６年10月現在で、約11・７万円）、非永久性居民（臨時居留権保有者）には５４００パタカ（約７万円）を支給する大盤振る舞いだ。カジノ税の計算根拠となるカジノ売り上げの前年割れが続いていても、財政は黒字でまだまだ余裕があるというわけだ。

日本では、2015年4月から大阪商業大学の大学院が、特別教育研究コースとして「IRマネジメント」コースを設立しているが、「一定の英語能力を有する者（かつ3年以上の社会経験を有する者）」が入学の対象となっている。英語ができなければ入学そのものができないのだ。

大型IR施設が誕生すれば、雇用の増加は当然期待できるが、外資系のカジノ運営企業であれば、英語力があることは大前提となる。日本が英語教育に力を入れて全体の底上げをしない限りは、バイリンガルやトライリンガルの外国人に雇用を持っていかれる可能性も否めないだろう。

実は、日本人の20人にひとりが「ギャンブル依存症」。自国民向けカジノはありえない！

日本にカジノはないが、パチンコという立派なギャンブル産業があるのはご存知の通り。そして、第2章に記した通り、ギャンブル依存症者の数字は、各国よりも図抜けて高い。２０１４年8月に厚生労働省研究班が出した調査結果によれば、パチンコや競馬をやめられない、いわゆる「病的ギャンブラー」の疑いがある人は全国に５３６万人いるとの推計が出ている。成人全体では国民の４・８％にあたり、男性は４３８万人（成人男性の８・７％）、女性は98万人（成人女性の１・８％）。驚くべきことに、およそ20人にひとりがギャンブル依存症というわけだ。

ギャンブル依存症の代表的な研究者、樋口進・国立病院機構久里浜医療センター院長のコメントによれば、「パチンコやスロットなどが身近で、日本は世界の中で病的賭博の割合が最も高い国のひとつ」だそうだ。

日本のパチンコ産業は20兆円市場といわれ、計算方式が異なるために単純比較はできないが、すでにギャンブル大国となっているのは事実だろう。

日本のすぐ隣にある韓国では、パチンコは違法となっている。しかし、カジノが導入されたことにより、すでに２４２万人のギャンブル依存症者を抱えているという。

韓国国内には17のカジノがあるが、唯一韓国人が入場できる「江原（カンウォン）ランド」がオープンしたのは２０００年のことだ。韓国全土のカジノの1年間の総売り上げは2兆ウォン超、入場者は500万人を超えているが、この江原ランド1カ所のみで総売り上げの50％以上を占めるという。

江原はかつて炭鉱の町だった地域で、ソウルから200キロメートル以上も離れた山奥にあるにもかかわらず、年間およそ300万人もの客が訪れている。その99％を占めているのは、自国民である韓国人だ。入場料は日本円にしてわずか700円。カジノ周辺には、消費者金融やキャッシングのできるATMだけでなく、24時間営業の質屋まであり、負けが込んでもすぐに軍資金を調達できる。

こうした状況の中、江原ランド近くの宿泊施設や山中では、ギャンブルの借金を悲観した人々が自殺に至るケースなども続発し、大きく問題視された。

韓国政府は江原ランド内に国営の依存症管理センターを設置し、ギャンブル依存症の予防や治療に乗り出すことになる。現在では、入場回数の制限や家族や本人の自己申告による入場規制なども行っている。

一方、シンガポールにおいては、自国民に対し、1日100シンガポールドルという高額の入場料を取り、ID管理や入場禁止措置などの対策を取っている。それにより、２００８年にはギャンブル依存症の発症率が２・９％だったが、２０１４年には０・７％まで減少したという。

あくまで数字上のことのため、実際の状況は把握しきれてはいないだろうが、それでもこうした数字がある以上は、入場料や各種規制などで自国民がギャンブルにはまらないようにコントロールしていくことが重要だ。なにより、世界有数のギャンブル大国である日本は、ＩＲの導入を機に多くを改めねばならない。


日本で、カジノ合法化がなかなか進まなかった背景には、パチンコ産業の業界団体が「カジノが自分たちの市場を食う」として猛反対したことが大きな一因となっているが、実際は、黒船ＩＲの到来により、自分たちが規制されてしまうことを、なによりも恐れている。いうまでもなく、社会を疲弊させるだけの自国民向けカジノなど、もってのほかであるし、それはパチンコも同じだ。

まずは、外資系のカジノ運営企業や外国人でギャンブルに興じたい人たちを誘引することに主軸を置き、カジノ税の優遇措置を取るべきだと僕は考える。なにより、カジノという他にはない強力なエンジンを使って、疲弊した街を蘇生することが可能だ。

また、世論においては、こうしたギャンブル依存症だけでなく、犯罪組織の横行などを懸念して反対する声も大きい。

だが、米国『フォーチュン』誌によれば、日本最大の犯罪組織である山口組は、「世界で最も収入が多い犯罪組織」の第2位となっている。麻薬などの違法薬物の取引や、パチンコ産業や飲食店からの〝みかじめ料（用心棒としての見張り料）〟、恐喝、ヤミ金融、そして賭博。これらによって彼らが稼ぎ上げるブラック・マネーは、カジノ導入以前2006年の時点ですでに約8000億円にも上っているとの情報もある（ちなみに、第1位はロシアのSolntsevskaya Bratvaだ。『フォーチュン』誌では当初、山口組の収入を800億ドルと算出していたが、翻訳にミスがあったとしてのちに修正発表をおこなっている）。

これに対し、シンガポールのＩR施設などは、経営者のみならず、ディーラーなどの従業員の犯罪歴までさかのぼって調査し、その上で国からライセンスが付与されている。そして、当然のごとく多額の税金も納めている。いかに健全な体制であるかは明白だろう。

日本がこれを実現するためには、最初の法規制の段階で、なによりもライセンス付与の審査基準を厳しく設けること。そして、国内の利権が一切絡まない、クリーンな外国資本のみを受け入れるしかない。世界で先行した成功例を見て、僕はそう考えている。それは、日本的しがらみがないからに他ならない。

空港と交通の整備は必須。「高城流」に立地を考えるなら？

海外からの観光客流入に備えるためには、国際空港の体制そのものを整備することも必須条件となる。シンガポールのチャンギ空港は２０１６年の世界人気空港ランキングの中でも1位を誇っているが、実は羽田よりも航空機の発着数は少なく、空港を利用する旅客数は世界15位（２０１５年世界空港旅客数ランキング）だ。

一方、日本の羽田空港を比較すると、どちらも世界4位。旅客数はシンガポールを上回っているが、空港の魅力や快適性ではいまだ遅れを取っている状況だ。

もちろん、サービス施設の拡充を進め、江戸の町並みを再現した飲食店街や、プラネタリウムが見られるカフェ、トイカーのレースを楽しめるスロットカーサーキットなどアミューズメント的な施設も用意されている。しかし、チャンギ空港に比べ、保安検査場が大混雑する点や、24時間営業の店舗の少なさなどの課題はまだまだある。僕も頻繁に羽田の国際線ターミナルを使うが、長時間いて楽しいとは言い難い。

羽田空港では、2010年の国際空港化以来、増加する旅客数に対し、現在ではさらなる拡張計画が進められているが、これについても実現可能であるのか疑問視されている。

羽田空港には、2016年現在で4本の滑走路があるが、沖合に栈橋をつくる形で5本目の滑走路を建設する案が有力とされている。これを建設することで最大年間13万回の発着回数の増加が見込まれているが、栈橋方式の滑走路は開発途上の技術であり、実現の可否は不透明だ。東京湾の船舶航行に問題が生じる可能性も否めない。

さらにいえば、管制上の安全性の問題もある。羽田空港の発着回数は年間44万7000回（うち国際線9万回）。一方、成田空港は年間30万回だ。合計すると首都圏の2空港で年間74万7000回となる。

これまで羽田では、都心上空を通過しないルートが設定されていたが、都心上空ルートを利用する方法で、国際線を年間3万9000回増加させる計画があるという。

実現すれば、その発着回数は年間48万6000回（うち国際線12万9000回）となるが、狭い空域に航空機が集中した時、これまで同様の安全性が保てるのか。加えて、滑走路のうち3本が平行になるため、管制が難しくなることも指摘されている。研究途上にある管制方式の導入を予定しているというが、そもそも採用できるかどうかが不明であり、採用できなければ、計画便数の達成は不可能ということになる。このあたりは、首都圏に近いアメリカ軍基地との兼ね合いも大きい。

成田空港もまた、欧米からの大型旅客機に対応するべく、現在ある滑走路を1000メートル延伸する計画を進め、さらに第三滑走路を建設する案も有力と見られている。しかし、成田は都心へのアクセスが悪いという問題点を抱えるだけでなく、開港以来、23時から翌朝6時までの時間帯の離着陸は原則禁止という、国際空港にあるまじき規制がかけられている。

LCC（格安航空会社）が広まった最近でこそ、やむをえない場合のみ23〜24時までの離発着を認めたが、それにしても不便だ。開港当初からの周辺事情もあるのだろうが、利用者には関係がないことだ。24時間営業ではないこの空港は、当然のごとく、

「ターミナル内の宿泊も原則お断り」でやってきたが、現在は第1ターミナルビル、第2ターミナルビルの1階中央出入口を、やっと24時間オープンするようになったという。

だが、それぞれ利用できる店はコンビニ一軒のみなのだ。実質的には、空港内での「野宿ができるようになった」というだけで、快適性どころの話ではない。24時間営業でショッピングから映画、スパまで楽しめ、無料の昼寝スペースやシャワーまであるシンガポールのチャンギ空港に比べたら、まさに雲泥の差で、周囲にロクなホテルがないのも痛い上に、どこも微妙に離れている。このあたりは、２０２０年の東京オリンピックやＩＲと関係なく、大至急改善する必要があるだろう。

シンガポールは都市計画による公共交通の整備を進め、ＭＲＴ（電車）やタクシー、空港シャトルバスなどの各種交通を使えば、市内まではいずれも15分から30分程度のアクセスのよさだ。さらに、自家用車に対する各種規制によって渋滞対策も進めてきた徹底ぶりには恐れ入る。

日本でも２０１６年４月に国土交通省が、羽田・成田間のアクセス強化のために今後15年間の東京圏の鉄道整備の指針をまとめている。これは東京オリンピック開催を視野に入れた計画であるが、都心や新宿などと羽田空港を結ぶ「羽田空港アクセス線」、東急蒲田駅と京急蒲田駅をつなぐ「新空港線（蒲蒲線）」、成田空港と羽田空港を結ぶ短絡ルートとなる「都心直結線」などの他にも、つくばエクスプレスを秋葉原から東京駅まで延伸し、臨海部と都心部を結ぶ地下鉄と一体整備する構想もある。

もし、僕がＩＲを考えるとしたら、国際アクセスのよい大都市で、ランドマーク的建築物を建てられる場所を選ぶだろう。

なにしろ、巨額をかけたはずの２０２０年東京オリンピックでは、世界が度肝を抜くような21世紀を代表する建造物が建つ様子はまったくない。

お台場は、羽田からのアクセスはいいが、逆にそれが足かせになる。空港が近いことによる高さ規制が厳しく、世界の誰もが驚くものを建てることができない場所だ。屋上に巨大プールをつくったシンガポールや、ラスベガスの成功している施設を見れば一目瞭然だが、ＩＲにおいては、誰もが圧倒される建造物をつくる必要があり、そのための立地を選ばなければ、うまくいかないだろう。

日本には空港を持つ大都市圏以外にも、ベツレヘムの廃工場とまではいわずとも、バブル崩壊による過去の負の遺産を多く抱えているエリアも多くあるため、これらを生かすこともできるだろう。ベツレヘムの成功は、地方都市にピッタリのサンプルだ。そして、カジノを開業することが、重要ではない。どこにどのように何を建てるのか？　そして、カジノというエンジンを使い、何をするのか？　これで勝負の大半は決まることになる。

「高城流」のＩＲ構想とは？

さらに僕なら、世界最高レベルの食とホスピタリティを誇る日本だからこそできる、斬新なレストランをずらりと並べるだろう。

シンガポールのサンズには、24時間営業で世界中のグルメを楽しませるレストランがひしめき合い、カジノスペースにも世界一流のセレブリティ・シェフによるレストランがある。そのなかでも、一流フランス人シェフによるフュージョン料理を提供する「ｄｂビストロモダン」にある、高級ビーフの巨大パティにフォアグラ、トリュフなどを使う原価率80％とも言われる贅沢なバーガーは、誰もが「一度は食べてみたい」と思うメニューだ。

こうした斬新な店を誘致し、メニューを開発し、世界の話題をさらうようなセンスのいい提案をすることがやはり大事だろう。採算は度外視していいのだ。

第1章にも記したが、例えば、「吉兆」によるラーメン店や、世界一の高級鮨とも言われる「すきやばし次郎」による回転寿司、それに京都の老舗旅館「俵屋」のトンカツや天丼、もしかしたら、世界一のシェフと名高い「エル・ブリ」のフェラン・アドリアに定食をつくってもらうのもいいだろう。他には絶対にないものを、次々とつくらねばならない。

また、連日連夜フリーライブを行い、音楽業界に一石を投じるのもいいだろう。真夏には、あらゆる音楽を聞くことができる2カ月続くようなフリー音楽フェスを開催するなど、そのアイデアは尽きない。

さらに、ラスベガスにあるような噴水ショーを遥かに超えるスケールで、5000台のLEDを搭載した小型ドローンを使ったデジタル花火や、シルク・ドゥ・ソレイユをさらに推し進め、人とロボットが一体化したスペクタルなサイバネティックス・

オペラショーも面白いだろう。これらは一過性のオリンピックの開会式のようなイベントでは不可能だが、カジノというエンジンがあれば、実現可能になるだろう。

ＩＲは確かに魅力的だ。しかし、「日本のあのＩＲだからこそ行く価値がある」と思わせるような魅力がなければ、今後増える隣国の競合を抑え、わざわざ東の果ての島国にまでやって来る意味はない。なにしろ、これから周辺国家でも次々と豪華絢爛な施設ができるのだから。ビジネス・エグゼクティブなど、世界中から質の高い観光客を集めるためには、センスがよく、唯一無二の存在となる提案をする必要がある。

ＩＲは旧型社会システムを変える「ラストリゾート」だ！

僕は、ＩＲのことを、インテグレーテッド（統合型）・リゾートならぬ、「ラストリゾート」だと考えている。

本書の冒頭でも述べたが、２０２０年の東京オリンピックが終われば、経済のカンフル剤になるものはもう何も残されていない。その上、２０２５年には、日本の人口は７００万人減少すると予測されている。この７００万人という数字は、四国の人口の１・５倍に相当し、内需を期待することはもう一切できない。

だからといって、今や多くの人が知ることになった２０２０年東京オリンピックのような密室劇を、ＩＲで行ってはならない。何度もいうが、建てたらそれで終わり、ではない。オリンピックと違い、ＩＲは長期に続くもので、だからこそ長いビジョンを持った綿密な計画が必要となる。

日本はスクラップ＆ビルドの国であり、数十年周期で古い建物が壊され、新しいものへと建て直されることが当たり前となっている。それについて、「日本は欧米と違い、地震大国だから建て直すのだ」と多くの人々は言うが、果たしてそれだけだろうか。

こうした状況をつくり上げた最大の要因は、戦後以降の日本の社会システムに他ならない。都市の再開発は一部の人にとって実に儲かる。古い建造物を壊すことでも、新しく建て直すことでも儲かる。そうして経済は回る。だから日本では、多額の借金を重ねてまで、国策同然のように数十年サイクルで破壊と建造を繰り返してきたのだ。だが、このやり方で「ラストリゾート」を決して手がけてはならない。

ＩＲの成功の鍵は、法案でもギャンブル依存症抑制でもなく、今までの日本式システムを破り、新しい型をつくることにある。だからこそ、シンガポール同様に外資によるオペレーションが鍵を握ると僕は考えている。

もはや誰もが知るように、期待していた東京オリンピックによる特需は、旧態依然とした経済の仕組みの中へと吸い込まれていった。ゼネコンや政治家を中心とする旧型社会に食われてしまったのだ。国を挙げて巨額の費用を投じるラストリゾートとしてのＩＲは、オールドエコノミーからニューエコノミーに転換する本当のラストチャンスだ。

現在、ＩＲ構想に対し、パチンコ産業の大手やアミューズメント機器メーカーが食い込もうと必死になっているが、もしもこれを易々と許せば、旧来型のフレームに収まり、社会システムも経済のあり方もこれまでと変わらないまま続いていくだろう。その上、ＩＲそのものが失敗に終わる可能性が高く、せっかく誘致に成功した地方都市は再生できずに、国民は疲弊し、結果、日本経済は粛々と終息に向かうだろう。

だからこそ、シンガポールは外国資本を呼び込んだのではないだろうか。これまでの社会のあり方とはまったく違う外からの力が入れば、客観性は担保され、旧型の構造やそこに棲みつく黒い利権は淘汰できる。

なにより、もし東京でＩＲを実現するのなら、「シンガポールのサンズの５倍はすごいものをつくらねば勝てない」と僕考えている。新しい国立競技場の失敗を繰り返してはならず、いくらかかっても、これまで見たことのないようなＩＲをつくらなければならない。それも人のお金で。

歴史を振り返っても、日本は黒船の来航などの外圧によって変化してきた国である。長い歴史を持つ国だからこそ、多くのしがらみもあり、自らだけで変わるのはとても難しい。

もはやＩＲの成功は、カジノや観光収入だけの問題ではない。それは、戦後長く続いてきた社会システムを刷新し、日本が再生するために、そして、この国家が長く生きらえていくために必要なことなのだろうと、多くの地を見てきて実感する。

残されたこの最後の楽園が、旧来型の人々の欲望に食い尽くされぬことを、僕は心底願ってやまない。

おわりに

ＩＲの真髄は、税金を使わずに街のランドマークをつくることだ。あくまでもカジノは、巨額投資をしてもらう企業への担保に過ぎない。そして、そのカジノの顧客は、成熟した都市であるならば、自国民であってはならない。これが、すべてである。

さて、２０２０年に再びオリンピックが来ることになった巨大都市・東京や、成熟したといわれる日本ができることは限られている。世界中を見渡すと、同性同士の結婚、医療大麻、そしてカジノの解禁を達成することで、先進都市や文化国家と呼ばれる時代になったようだ。まず、同性同士の結婚を法的パートナーにまで広げると、欧州のほとんどの国家、米国、中南米のメキシコ、コロンビアなどが可能で、アジアでもタイや台湾、ベトナムなどの「先進的文化国家」と呼ばれつつある国も、国会での審議に入っている。

医療大麻も欧州のほとんどの国や北米の州の半分以上は既に合法で、フィリピンでさえも医療大麻を解禁する流れになっている。

そこで日本の現在を振り返ると、ゲイを公言する国会議員が少ないことからも、同性同士の結婚はなかなか法的に進みそうもない。続いて医療大麻は、薬事既得権が大きすぎるために当面は徹底的に潰されることになりそうだ。そこで、まずはカジノという「先進的文化国家」への第一ハードルを越えねば、日本は再び大きく遅れをとるだろう。古くからの文化を保存することも大切だと思うが、同時に未来を切り開く必要もある。

また、税金を使わない一施設1兆円を超えるＩＲへの投資は、ゼネコン大国日本にとってオリンピック後の最大のビジネスチャンスになるだろうし、他国を見る限り、ＩＲは大都市のみならず地方の小都市の観光業にとっても起爆剤になるのは間違いない。

成長戦略という言葉だけが空まわりして久しいが、そこには経済的成長だけを意味しない、文化や社会的成長が必要なことを、改めて考えねばならない。

本書は集英社の藤井真也さん、出版プロデューサーの久本勢津子さん、根気よくデータを集めてくれた上野真理子さん、そして取材に協力いただいた各国の多くの皆さんのお力添えで完成しました。改めて御礼申し上げたいと思います。

日本が多様的な先進国家となることを、僕はいつも願ってやみません。

２０１６年10月吉日

高城　剛（小笠原諸島にて）

高《たか》城《しろ》剛《つよし》

TSUYOSHI TAKASHIRO

1964年東京都葛飾区柴又生まれ。
日大芸術学部在学中に「東京国際ビデオビエンナーレ」グランプリ受賞後、メディアを超えて横断的に活動。自身も数多くのメディアに登場し、NIKE、NTT、パナソニック、プレイステーション、ヴァージン・アトランティックなどの広告に出演。総務省情報通信審議会専門委員など公職歴任。2008年より、拠点を欧州へ移し活動。現在、コミュニケーション戦略と次世代テクノロジーを専門に、創造産業全般にわたって活躍。著書に『世界はすでに破綻しているのか?』『空飛ぶロボットは黒猫の夢を見るか?』(集英社)、『ヤバいぜっ! デジタル日本』『オーガニック革命』(集英社新書)、『2035年の世界』(PHP研究所)、『人生を変える南の島々』『LIFE PACKING2.1 未来を生きるためのモノと知恵』(パブラボ) などがある。

カジノとIR。
日本《にほん》の未来《みらい》を決《き》めるのはどっちだっ!?

2016年12月7日 第1刷発行

著　者　高《たか》城《しろ》　剛《つよし》

発行者　茨木政彦

発行所　株式会社　集英社
〒101-8050
東京都千代田区一ツ橋2-5-10
編集部：03-3230-6068
読者係：03-3230-6080
販売部：03-3230-6393(書店専用)

印刷所　図書印刷株式会社

製本所　株式会社ブックアート

集英社ビジネス書公式ウェブサイト　http://buisiness.shueisha.co.jp/
集英社ビジネス書公式 Twitter　https://twitter.com/s_bizbooks (@s_bizbooks)
集英社ビジネス書 Facebook ページ　https://www.facebook.com/s.bizbooks

ISBN 978-4-08-786080-1 C0033